Los horacios y los curiacios
Terror y miseria del Tercer Reich
Los fusiles de la señora Carrar
(Teatro completo, 6)

Bertolt Brecht

Los horacios y los curiacios

Terror y miseria del Tercer Reich

Los fusiles de la señora Carrar

(Teatro completo, 6)

Traducción de Miguel Sáenz

Alianza editorial
El libro de bolsillo

Título original: *Die Horatier und die Kuriatier*
Furcht und Elend des Dritten Reiches
Die Gewehre der Frau Carrar
(Gesammelte Werke, Bände 1-3 Stücke)

La edición de esta obra se ha realizado con la ayuda de Inter Naciones, Bonn

Primera edición: 1994
Tercera edición: 2012
Segunda reimpresión: 2023

Diseño de colección: Estrada Design
Diseño de cubierta: Manuel Estrada
Fotografía de Amador Toril

Reservados todos los derechos. El contenido de esta obra está protegido por la Ley, que establece penas de prisión y/o multas, además de las correspondientes indemnizaciones por daños y perjuicios, para quienes reprodujeren, plagiaren, distribuyeren o comunicaren públicamente, en todo o en parte, una obra literaria, artística o científica, o su transformación, interpretación o ejecución artística fijada en cualquier tipo de soporte o comunicada a través de cualquier medio, sin la preceptiva autorización.

© Bertolt-Brecht-Erben /Suhrkamp Verlag
© de la traducción: Miguel Sáenz Sagaseta
© Alianza Editorial, S. A., Madrid, 1994, 2023
  Calle Valentín Beato, 21
  28037 Madrid
  www.alianzaeditorial.es

PAPEL DE FIBRA
CERTIFICADA

ISBN: 978-84-206-6984-7
Depósito legal: M. 6.672-2012
Printed in Spain

Si quiere recibir información periódica sobre las novedades de Alianza Editorial, envíe un correo electrónico a la dirección: alianzaeditorial@anaya.es

Índice

9   Los horacios y los curiacios
44 Instrucciones para los actores

47 Terror y miseria del Tercer Reich
173 Observaciones sobre *Terror y miseria del Tercer Reich*

181 Los fusiles de la señora Carrar

Los horacios y los curiacios
Pieza didáctica

Colaboradora: M. Steffin

PERSONAJES

Coro de curiacios. Coro de horacios. Los tres comandantes del ejército curiacio: arquero, lancero, espadero. Los tres comandantes del ejército horacio: arquero, lancero, espadero. Mujeres de los horacios. Mujeres de los curiacios.

EL DESPLIEGUE DE LAS FUERZAS

La ciudad de los horacios y la ciudad de los curiacios. Ambas ciudades se vuelven hacia los comandantes de sus ejércitos.

CORO DE CURIACIOS
  ¿Por qué, curiacios, despedazarnos entre nosotros?
  Otra vez
  ha pasado un invierno, y sigue
  arreciando en nuestros muros la dura
  lucha por poseer la tierra y poseer las minas.
  Por eso
  hemos resuelto tomar las armas
  y en tres cuerpos de ejército
  invadir el país de los horacios

para someterlos por completo y
apropiarnos de todo lo que tienen sobre el suelo y bajo
el suelo.

Gritan a los horacios:

¡Rendíos!
Entregad vuestras cabañas, campos y herramientas,
porque si no
seréis invadidos con tal poder militar
que ninguno de vosotros escapará.
CORO DE HORACIOS
 ¡Llegan los bandidos! Con un poder militar
 monstruoso invaden nuestra tierra. Pretenden
 que nos dejarán con vida si les damos
 lo que nosotros necesitamos para vivir.
 ¿Por qué
 temer la muerte y no
 el hambre?
 ¡No nos rendiremos!
CORO DE CURIACIOS
 Encomendamos a los comandantes
 las tropas y las armas.
CORO DE HORACIOS
 Encomendamos a los comandantes
 las tropas y las armas.

Sujetan a las espaldas de los comandantes unos bastidores con banderitas que indican la importancia de las unidades, y en la pizarra de las fuerzas que combaten escriben el número de éstas.

CORO DE CURIACIOS
   A ti, comandante,
   te entregamos siete cohortes de arqueros.
CORO DE HORACIOS
   A ti, comandante,
   te entregamos siete fratrías de lanceros.
CORO DE CURIACIOS
   A ti, comandante,
   te entregamos doce cohortes de espaderos.
CORO DE HORACIOS
   A ti, comandante,
   te entregamos siete fratrías de arqueros.
CORO DE CURIACIOS
   A ti, comandante,
   te entregamos siete cohortes de lanceros.
CORO DE HORACIOS
   A ti, comandante, te entregamos siete fratrías de espaderos.
TODOS LOS COMANDANTES
   ¡Traed las armas!

Traen arcos, lanzas, espadas y escudos.

CORO DE CURIACIOS
   Escoged
   entre esas armas abundantes
   las mejores.
CORO DE HORACIOS
   Ésas son
   vuestras armas.

Depositan un montón de arcos delante del primer curiacio.

EL CURIACIO
El arco debe ser bueno. Sin un buen arco
no podré combatir.

Tensa un arco hasta que se rompe.

CORO DE CURIACIOS
¡Tira ese arco!

El primer curiacio tira el arco y tensa otro. Éste aguanta.

EL CURIACIO
Me gusta este arco.

Colocan un arco ante el primer horacio. Él lo tensa con cuidado.

EL HORACIO
Puedo tensarlo más, pero se romperá.
CORO DE HORACIOS
Entonces conténtate. No tenemos otro.
EL HORACIO
Es que éste no es de mucho alcance.
CORO DE HORACIOS
Entonces acércate al enemigo.
EL HORACIO
Correré peligro.
CORO DE HORACIOS
Sí.

MUJERES DE LOS HORACIOS
 Cuando el arquero no está
 de acuerdo con su arco
 no puede combatir.
EL HORACIO, *rápidamente:*
 Estoy de acuerdo.

Dan dos lanzas al segundo horacio.

CORO DE HORACIOS
 Aquí está tu lanza y aquí
 la de un curiacio. Como ves,
 las dos son igualmente largas y pesadas.
 Por consiguiente, estarás
 a la altura de tu adversario, lancero.
CORO DE CURIACIOS
 ¡Traed la nueva lanza!

También el segundo curiacio recibe una lanza. Es mucho más larga. Levantan ante el tercer curiacio cinco grandes escudos. Él va de escudo en escudo, intentando atravesarlos con su espada. Tres resultan efectivamente atravesados; de los dos últimos elige uno.

EL CURIACIO
 Esta espada se ha embotado.

Le traen una nueva espada.

CORO DE CURIACIOS
 Ahí tienes una nueva.

El tercer curiacio arranca una crin de caballo de su cimera y la corta en dos.

EL CURIACIO
Con este escudo y esta espada
estaré bien armado.

Colocan dos escudos ante el tercer horacio, uno pequeño y uno grande.

EL HORACIO
Quiero probarlo para saber.

Atraviesa el escudo grande. Se vuelve hacia el pequeño.

CORO DE HORACIOS
¡Detente! Ya los has probado. El escudo incólume
es del mismo metal. Pero el primer escudo
no estaba bien sostenido.

Un guerrero sostiene el escudo, mientras el tercer horacio lo golpea de lado, de forma que el golpe resbala.

EL HORACIO
He comprendido. Como no aguanta
un golpe directo, tendré que procurar
que los golpes resbalen.
CORO DE HORACIOS
Entonces, ¿repararemos el escudo grande?
EL HORACIO
No, cogeré el pequeño. Es agradablemente ligero.

Lo coge.

Me gusta este escudo. Con él
me siento ágil. Y conozco esta espada. Yo mismo
la forjé. Es tan buena
como pude hacerla.
MUJERES DE LOS HORACIOS Y MUJERES DE LOS CURIACIOS
Ahora id. No todos
regresaréis.
EL COMANDANTE CURIACIO
¡No lloréis! ¡Preparad
las coronas de laurel del vencedor! ¡Volveremos
cargados de botín!
MUJERES DE LOS CURIACIOS
Contaremos los días hasta que volváis.
Vuestro puesto a la mesa y vuestro puesto en el lecho
permanecerán vacíos.
LOS COMANDANTES HORACIOS
¿Cómo cultivaréis los campos, cómo
haréis que funcionen los talleres sin nosotros?
MUJERES DE LOS HORACIOS
¡No os preocupéis! Los campos
serán cultivados. Pero procurad
que la cosecha sea para nosotros.
CORO DE HORACIOS
Para frustrar la agresión,
nuestro sometimiento y el saqueo
de nuestras cabañas, campos y herramientas, los horacios
hemos resuelto avanzar
en tres cuerpos de ejército.

Lucharemos
hasta la completa derrota del enemigo.

1

LA BATALLA DE LOS ARQUEROS

El horacio
   Ayer por la noche
   el enemigo ocupó la posición
   que yo le había elegido.
   La elegí de forma que tuviera
   que avanzar por detrás de una montaña
   para atacarme. De esa forma
   la distancia entre los dos será pequeña
   como necesito a causa de mi arco.
   Ahora espero a que salga el sol. Debe
   serme de ayuda.
El curiacio
   El adversario me espera
   entre montañas que no conozco.
   No sé a qué distancia se encuentra
   pero no tengo el viento en contra
   y mi arco es bueno.
   Aguardaré el sol.
Los dos coros
   Los arqueros han ocupado sus posiciones.
   Cuando se haga de día comenzará la batalla.
Los horacios y los curiacios
   Se hace de día.

Los combatientes tensan sus arcos. Un actor pasa por detrás del escenario llevando en una pértiga un proyector que representa el sol. Para su recorrido de derecha a izquierda necesita tanto tiempo como dura la batalla. Como el sol se levanta sobre la montaña del horacio, éste queda en la sombra y su adversario a la luz.

EL CURIACIO
 ¡Oh! ¡El sol me ciega!
 No puedo apuntar, y
 mi adversario está en la oscuridad. Lo protege
 la sombra del monte.

Primer intercambio de flechas. La flecha del curiacio cegado pasa demasiado alta. El horacio lo hiere en la rodilla.

EL CURIACIO, *arrancándose la flecha:*
 Estoy herido, y
 mi adversario no lo está.
 Me olvidé
 de que el sol no sólo ilumina
 sino que ciega también.
 Para apuntar, yo necesitaba luz, pero
 también era importante de dónde venía.
 Estoy en mala posición.
 Como tengo la rodilla destrozada, mi adversario me tiene
 en esta mala posición.
CORO DE CURIACIOS
 ¿Qué has perdido?

El curiacio muestra la importancia de sus pérdidas arrancando dos banderitas del soporte de su espalda y tirándolas.

CORO DE CURIACIOS, *a su campeón, mientras borra dos cohortes de la pizarra de distribución de fuerzas:*
Has perdidos dos cohortes
de tus siete. Pero
tu arma es buena.
Costó cara y es buena.
Como todo,
también el tiempo trabaja para nosotros.
No arriesgamos nada.
En definitiva decidirá
el arma mejor.

EL HORACIO
Mi arco no alcanza suficientemente lejos. Pero
a mi adversario lo cegó el sol
y mi flecha
le ha destrozado al menos la rodilla.
Mi posición es buena.

CORO DE HORACIOS, *a su campeón:*
¿Por qué no sigues luchando? Una buena posición
no sigue siendo siempre buena. Nuestra situación empeorará
si no la mejoramos. Inexorablemente
avanza el sol por el cielo. Inconteniblemente
se hace mediodía la mañana.

EL HORACIO
Quería derribar con tres flechas
al que tiene el sol en el rostro. Pero
con mi primera flecha no lo he matado, aunque sí herido,

y ahora se ha metido detrás de su roca y
no lucha ya. Pero el sol avanza,
la sombra de mi monte se acorta, y
yo me alejo de mi enemigo, de forma que
mi flecha no podrá alcanzarlo ya.

CORO DE HORACIOS

Es malo que tu arco sea malo.
Es malo. Pero no tenemos otro mejor.
¡Tíralo! ¡Lucha con los puños!
Tienes que luchar con todos tus medios.
¡Sobre todo, muévete!

EL HORACIO

No opino lo mismo. Al fin y al cabo
he herido ya con mi arco
a mi enemigo.
Soy arquero y no pugilista.
Mientras me llegaba vuestro mensaje
se ha hecho mediodía. Ahora
yo también me encuentro a la luz.
Por eso me adelantaré hasta un sitio
desde el que pueda alcanzar
al que está cegado. Ahora vendrá
el segundo intercambio de flechas.

El sol está ahora entre las dos montañas, de forma que ambos combatientes se encuentran a la luz.

EL CURIACIO

El sol asoma tras la montaña. El enemigo
ha avanzado y está al descubierto. Tal vez
pueda alcanzarlo ahora yo también.

EL HORACIO
  ¡Sal, bandido!
  ¡Y dispara tu flecha! ¡Ay!
  ¡No veo nada! El sol
  me ciega también.

Segundo intercambio de flechas. Las dos flechas pasan muy altas.

EL HORACIO Y EL CURIACIO, *vueltos hacia sus respectivos coros:*
  El segundo intercambio de flechas ha terminado.
  Ninguno de los dos
  ha dado en el blanco.
CORO DE CURIACIOS, *vuelto hacia su campeón:*
  Pero tu situación
  ha mejorado.
EL HORACIO
  Inexorablemente
  avanza el sol por el cielo. Incesantemente
  se convierte en noche la tarde. Pero ¿qué puedo hacer?
  Si me quedé cegado
  porque el sol estaba al mediodía,
  también mi enemigo debe de estar ciego aún.
  De forma que puedo avanzar
  como me habéis aconsejado. Para luchar con
  mis puños.

Da unos pasos hacia la izquierda, pero se detiene, oteando con las manos sobre los ojos. Al coro:

Quería avanzar. Pero ahora
el sol está ya detrás del segundo monte.
El enemigo
está a la sombra. Yo
estoy a plena luz.
Al seguir vuestro consejo por la tarde, olvidé una cosa:
me lo disteis al mediodía.

El sol se ha ocultado tras el segundo monte, de forma que el curiacio puede asestar ahora al horacio un golpe mortal con su tercera flecha.

EL CURIACIO
 ¡Victoria! Mi última flecha
 lo ha herido. Mi situación, que era mala,
 se ha vuelto buena en el curso del día.
 Y como mi situación era buena
 la superioridad de mi arco ha decidido.
CORO DE CURIACIOS
 ¡Victoria! Un cuerpo de ejército del adversario
 ha sido aniquilado. Cinco cohortes de arqueros
 quedan libres para la batalla final. Tras un breve descanso
 se desplazan hacia el Este, para unirse
 a nuestros demás cuerpos de ejército.
CORO DE HORACIOS
 Desde su último mensaje, en el que decía
 que quería atacar, no hemos vuelto a saber nada
 de nuestro cuerpo de ejército. Tenemos que suponer
 que ha sido aniquilado.
 Se aferraba a un lugar,

se aferraba a un arma
y se aferraba
a un consejo. Pero inexorablemente
avanzaba el sol por el cielo. Incesantemente
la mañana se hizo mediodía y el mediodía tarde.

A la mujer del arquero horacio:

Mujer, de tu marido
no hay ya noticias. Pero en la ciudad del enemigo
se oyen gritos de victoria. Hemos de suponer
que el arquero ha caído.

Ponen a la mujer un vestido de luto:

¡Borrad siete fratrías del cuadro de las fuerzas!
Donde estaban no hay nada ya.
El plan que contaba con ellas
tendrá que ser ejecutado por otros.

Borran las siete fratrías de arqueros de la pizarra.

El enemigo avanza hacia nuestros valles.
Como séquito de los ejércitos
llegan los corregidores.
Los que derramaron su sangre tienen que pagar ahora.
Los campos fecundos
no dan más que pedregales
porque el trigo se lo lleva el enemigo.
El campesino

se limpia el sudor de los ojos
pero el pan se lo come
quien tiene la espada.

2

LA BATALLA DE LOS LANCEROS

CORO DE HORACIOS
  El enemigo avanza por nuestras montañas.
  Marcha por los desfiladeros
  a lo largo de un río impetuoso.
  ¡Tienes que detenerlo, lancero!
EL HORACIO
  Lo he visto acercarse. Su lanza
  es gigantesca. En campo abierto
  no podré detenerlo.
  Si estáis de acuerdo
  trataré de vencerlo, sin
  exponerme al peligro. Pero para eso
  me espera una larga marcha
  y sólo tengo
  poco tiempo.
CORO DE HORACIOS
  Estamos de acuerdo en que
  economices nuestras fuerzas. Ya hemos perdido
  un cuerpo de ejército. Pero
  ¡detén al enemigo!

LOS SIETE USOS DE LA LANZA

En marcha penosa por la montaña, el horacio se dirige al enemigo, en un lugar en donde las rocas llegan hasta el camino. Al trepar se apoya en su lanza.

EL HORACIO
 Estoy escalando la montaña. La lanza
 me sirve de apoyo. Es mi tercera pierna.
 La que no duele,
 la que no se cansa.
 Hay muchas cosas en una cosa.

Se detiene ante una grieta.

 Pero ¿cómo seguir? Ahí hay una grieta.
 Cuando era muchacho, me colgaba de la rama de una encina
 y llegaba sobre un arroyo a un jardín
 donde había manzanas. Mi lanza, que fue una vez
 rama de encina, volverá a ser rama.
 Así podré pasar sobre la grieta.
 Hay muchas cosas en una cosa.

Coloca la lanza sobre la grieta y pasa al otro lado colgado de las manos.

CORO DE HORACIOS
 El enemigo irrumpe en nuestros valles.
 ¡Detén al enemigo!

El horacio
 Pero ¿cómo seguir? He atravesado
 la grieta, pero aquí hay un ventisquero.
 ¿Cómo saber qué profundidad tiene?
 Mi lanza será mi sonda.
 Hay muchas cosas en una cosa.

Sondea la profundidad de la nieve.

 Pero ¿cómo seguir? El ventisquero
 me resulta demasiado profundo. Y la otra roca
 es más alta de lo que yo puedo saltar. Otra vez
 miro mi lanza.
 Me digo que debe ser mi pértiga.
 Hay muchas cosas en una cosa.

Da un salto de longitud.

Coro de horacios
 ¡El enemigo avanza! Dispersa
 nuestros rebaños.
 ¡Date prisa! ¡Detén al enemigo!
El horacio
 Pero ¿cómo seguir? Ahí hay una cresta.
 Es más estrecha que mi pie. Todos los esfuerzos
 habrán sido inútiles si esa grieta me detiene ahora.
 Tengo que recorrerla. Mantendré el equilibrio.
 Con la lanza mantengo el equilibrio. Su peso, que muchas veces
 me resultó excesivo al subir, me ayudará
 ahora, y yo me digo:

hay muchas cosas en una cosa.

Sube la cresta, utilizando la lanza como balancín.

CORO DE HORACIOS
   El enemigo se acerca
   a nuestras minas.
   ¡Detén al enemigo!
EL HORACIO
   He llegado. Me asomo
   por la cumbre. Debajo de mí
   está el camino que el enemigo recorrerá.
   Lo aplastaré bajo las rocas.
   Podré desprenderlas con mi lanza.
   Hay muchas cosas en una cosa.

Desprende una roca.

Mi lanza es mi puntal.
Aguantará la roca hasta que mi enemigo esté abajo.
Con una leve presión del dedo
aplastaré a mi enemigo.
Mi lanza me ha bastado.
Hay muchas cosas en una cosa.

Prepara un pequeño alud.

Mi enemigo no está aún ahí
y estoy cansado por la marcha.

Se sienta a esperar.

Me recuesto, sabiendo
que no debo dormirme. No estoy
demasiado agotado para hacer algo, pero sí
demasiado agotado para no hacer nada. Y
me estoy durmiendo.

*Se duerme. Aparece el curiacio. Avanza lentamente; y,
mientras el horacio duerme, atraviesa el punto peligroso.*

El horacio
  Me despierto y, asomándome
  otra vez por la cima
  y mirando abajo, veo
  que mi enemigo ha pasado ya
  por el lugar donde quería matarlo.
  Mi marcha, que me trajo a la meta,
  me agotó también. Por eso
  no he podido ejecutar mi plan.
Coro de horacios
  Nuestro lancero hizo una larga marcha y
  superó todos los obstáculos
  pero el agotamiento
  lo ha privado de la recompensa de sus esfuerzos.
  Peor que una batalla perdida
  es una lanzada al aire.
  Levántate ahora, lancero,
  y olvida lo que has hecho. Lánzate
  de nuevo hacia el enemigo
  con menos esperanzas.
El horacio
  No puedo más.

He hecho lo que debía.
CORO DE HORACIOS
Entonces aprende que eso no basta.
Si te hubieras tendido en la hierba y contado las nubes
nuestra situación no sería peor.
Has hecho mucho, pero
no has detenido al enemigo.
EL HORACIO
Entonces, ¿todo lo que he hecho
ha sido un error?
CORO DE HORACIOS
No. Pero no has terminado.
¡Detén al enemigo!
Inventa algo nuevo, tú
que tantas cosas has inventado.
Tú que tantos esfuerzos has hecho
esfuérzate más.
¡Detén al enemigo!
Todo lo que has realizado
te dará fama si detienes al enemigo.
Pero nada te valdrá si no
lo detienes.
Siete esfuerzos no valdrán nada
pero si realizas el último
y detienes al enemigo
tus ocho esfuerzos serán elogiados.
EL HORACIO
Estoy de acuerdo.
De modo que me levanto otra vez.
Volveré a rehacer

el camino que recorrí.
Daré la batalla
que me parecía desesperada.

Durante el coro que sigue, el horacio realiza su descenso. Vuelve a equilibrar la roca, haciéndola rodar, saca la lanza de debajo, atraviesa la estrecha cresta, sondea el ventisquero, lo salta, atraviesa la grieta colgado de la lanza, trepa. La ventisca cae sobre él, y la rapidez de su marcha hace que pierda cosas. Planta una de sus banderitas en el ventisquero, otra la pierde en la cresta y otra la tira a la grieta.

CORO DE HORACIOS
¡Disponte a la retirada!
Has perdido tiempo. ¡Pierde más ahora!
Estás debilitado. ¡Haz ahora el doble!
Las nevadas y tormentas
no respetan el desánimo.
Muchas dificultades supera quien
tiene la victoria a la vista, pero es duro
afrontar nuevamente en la retirada
los viejos peligros. Después de la derrota
duplicar el valor, duplicar el ingenio, únicamente
para ocupar la antigua posición que antes
ocupabas sin esfuerzo.
Todo el ingenio
conduce hacia atrás. Toda acción
anula sólo un error, y sin embargo la retirada
de quien lucha incansable
es parte de su nuevo
avance.

El horacio
  Lo he logrado. He llegado de nuevo
  a mi punto de partida. Para la batalla
  sólo veo una posibilidad
  ya que mi lanza es demasiado corta.
  El éxito de mi plan es incierto,
  arriesgada su realización.
  Pero de ningún otro modo
  podré detener al enemigo.
  Es verdad que para ese plan
  mi lanza es aún demasiado larga. Pero, si no puedo
  alargarla, puedo muy bien acortarla.

La rompe en dos, arroja uno de los pedazos y se va.

Coro de horacios
  Pero nosotros borramos
  tres fratrías del cuadro de las fuerzas
  que han quedado en la nieve y en las grietas.
  Y ponemos nuestras esperanzas
  en ese ejército disminuido.

LA CABALGADA SOBRE EL RÍO

El curiacio. Avanzo por el valle de un río. A un lado tengo una pared rocosa, al otro el río. La montaña es inaccesible y el río no es navegable, porque más abajo hay un salto mortal. Y por delante no pueden atacarme, porque mi lanza es tan larga que el enemigo no puede alcanzarme con la suya.

Bajando por el río viene el horacio. Rema con su trozo de lanza.

A mi derecha veo a mi enemigo bajar por el río en una balsa. No veo que lleve ningún arma. Se acerca muy deprisa. No puedo manejar mi lanza entre estas paredes rocosas: es demasiado larga. Él, sin embargo, saca de pronto su pértiga del agua y la apunta hacia mí.

EL HORACIO
 Y yo bajo por el río
 hacia la gran cascada
 y mi lanza es mi pértiga.
 Hay muchas cosas en una cosa.
 Y ahora, cuando llego a mi enemigo, es
 otra vez una lanza, y
 se la clavo.

EL CURIACIO. Y, con toda la fuerza del río, sobre el que cabalga como sobre un caballo brioso, me clava al pasar el trozo de lanza en el cuerpo. Caigo al suelo. Mi adversario está perdido. La cascada se lo tragará. Yo estoy gravemente herido y permanezco inmóvil en el desfiladero. Me había olvidado de que el río no es imposible de navegar, sino navegable arriesgando la vida, es decir, que mi posición no era inatacable sino atacable sólo arriesgando la vida. Por eso, mi enemigo ha caído, pero yo estoy herido gravemente.

CORO DE CURIACIOS
 ¿Qué has perdido?

El curiacio muestra lo que ha perdido cogiendo cinco de sus banderitas del bastidor y tirándolas.

CORO DE HORACIOS
   El lancero ha caído.
   Borramos cuatro fratrías del cuadro de las fuerzas.
   Allí donde estaban ya no hay nada.
   El plan que contaba con ellas
   tendrá que ser ejecutado por otros.

Borran cuatro fratrías del cuadro. Ponen a la mujer del lancero horacio un vestido de viuda.

LA MUJER DEL LANCERO
   ¿Cómo luchó?
CORO DE HORACIOS
   Detuvo al enemigo.
   Realizó dos marchas y
   superó todas las dificultades.
   Al final cabalgó sobre el río y sumó
   a sus pequeñas fuerzas
   la enorme fuerza del río.
   Pero el río, que lo arrastró hasta el enemigo,
   lo arrastró también a él. Largo tiempo
   se lo vio remar aún. Hasta la cascada
   se esforzó por ganar la orilla. Pero la cascada
   lo devoró por fin. A su enemigo
   no lo mató, pero a sus compañeros les dejó
   un enemigo debilitado.
CORO DE CURIACIOS, *mientras borran del cuadro de las fuerzas cinco cohortes de lanceros:*
   Cinco cohortes de siete han caído, pero
   nuestra victoria es segura. Invencibles
   avanzan nuestros ejércitos. La desesperación

se apodera del enemigo. Corre
entre nuestras flechas y se precipita al agua. El botín
es cuantioso. Cesad en vuestra disputa, curiacios,
por la posesión de las tierras y de las nuevas minas.
Ya mañana
será la batalla final, en la que
habrá tres ejércitos nuestros
contra uno del enemigo.

LAS MUJERES DE LOS HORACIOS
Nuestros hombres caen como reses en el matadero.
Cuando el matarife se les acerca, caen.
Aquél planificaba bien y cayó. Y éste
mostró coraje y cayó. Y nosotras, nosotras nos alegramos
de los planes y del coraje y lloramos.
Estábamos contentas de que lucharan.
Si lloramos es porque cayeron
y no porque lucharan. Ay, no todo
el que vuelve es vencedor, pero
nadie ha vencido si no vuelve.

CORO DE HORACIOS
¡Llegan los bandidos!
Todavía no ha acabado la batalla, y ya
se llevan
de las minas el mineral.
A los gritos de sus guerreros, heridos
de muerte, se mezclan
las órdenes de los capataces.

3

LA BATALLA DE LOS ESPADEROS

EL HORACIO. Desde hace dos días tengo en jaque a mi adversario. Como su coraza es demasiado sólida, aguardaré a que lleguen el arquero y el lancero.

El curiacio le arroja a los pies el trozo de lanza del segundo horacio y el arco del primero.

EL CURIACIO. ¡Tus hermanos han sido aniquilados! ¡Ríndete!
EL HORACIO. Conozco esa lanza y conozco ese arco. Por consiguiente, mis compañeros deben de haber sido aniquilados, como dice el curiacio. De modo que, a pesar de su coraza, tendré que atacarlo rápidamente, porque si no, se reunirá con su arquero y su lancero.
EL CURIACIO. Creí que con esa noticia desistiría de atacar, pero ahora veo que lo he incitado al ataque.
EL HORACIO. Lo atacaré por el flanco.

Se echa hacia un lado y divisa detrás del curiacio, que hasta entonces los ocultaba, otros dos ejércitos curiacios que avanzan: el lancero, coronado de laurel, y el arquero, coronado de laurel y cargado de botín, los dos armados ahora de espadas.

EL HORACIO. Es demasiado tarde, ya vienen.
EL ESPADERO CURIACIO, *gritando al lancero:*
¡Desenvaina la espada y apresúrate! ¡Es la batalla!

EL LANCERO CURIACIO
Avanzando junto al río
en un desfiladero hice caer a mi enemigo
en el río. Siete fratrías
perecieron. A pesar de mis pérdidas
y del desorden de mis pertrechos
me apresuro a llegar a la batalla final.

Grita hacia el fondo:

¡Comienza la batalla! ¡Apresúrate, arquero!
EL ARQUERO CURIACIO
Ya llego.
Entre dos montañas
en terreno desconocido
derribé a mi enemigo
con mi tercera flecha.
Antes de que la noche caiga, su último ejército será vencido.
EL ESPADERO CURIACIO
Tendré siete cohortes más que mi adversario.
EL HORACIO
No puedo atacar. Su superioridad es demasiado grande.

Les pregunta a los horacios:

¿Qué puedo hacer?
CORO DE HORACIOS
A pesar del valor de nuestros ejércitos
su conocimiento del terreno y

la utilización de todos los medios de combate,
hemos perdido dos batallas. Dos ejércitos
han sido aniquilados. De cada tres mujeres
de nuestra ciudad
dos visten de luto.
Tus fratrías, espadero,
son nuestro último recurso.
Has esperado refuerzos,
no esperes más, pues no vendrán.
En tus manos
están nuestros campos, rebaños y talleres.
Entre nosotros y los bandidos
sólo estás tú.

El horacio
  Se acercan.
  Su superioridad
  me aplastará.
  Contra mí se alza, con tres espadas,
  un triple brazo.
  ¿Cómo podré resistir?

Coro de horacios
  ¡No cedas ni un palmo!
  Tus armas
  no pueden mejorarse. Ahora
  utilízalas. Los enemigos
  no pueden disminuirse. Enfréntalos.
  Lánzate sobre ellos. Aniquílalos...
  Ay, ¿qué haces?

El horacio emprende la fuga.

Coro de curiacios
  ¡Victoria! ¡El enemigo
  emprende la fuga!
  ¡Perseguidlo, curiacios!
El espadero curiacio
  ¡A él! Ante nuestra superioridad
  el enemigo ha emprendido la fuga.
  ¡A él! ¡Si no, se escapará!
Coro de horacios
  ¡Detente! No nos oye.
  Nuestro último hombre
  renuncia a la lucha. Nuestro mejor luchador
  se ha vendido al enemigo.

El espadero horacio, mientras corre, trata de tranquilizarlos con un gesto del brazo.

Coro de horacios
  ¡No lo niegues! ¿Por qué corres?
Coro de curiacios
  ¡Rendíos! ¡Entregad las llaves de vuestra ciudad!
  ¡No dejéis que se escape, curiacios!
El lancero curiacio, *al espadero:*
  ¡No dejes que se escape! ¡Tú
  puedes correr aún!

Los tres cuerpos de ejército de los curiacios emprenden la persecución. Sin embargo, no pueden avanzar con la misma velocidad. El lancero, gravemente herido, se queda atrás. El arquero, herido ligeramente, lo sobrepasa, pero se queda atrás también.

CORO DE CURIACIOS
  ¡Mirad cómo corre!
  No se salvará, pero su derrota
  lo cubrirá de vergüenza.
  Para convertirse en un altivo canto fúnebre
  en labios de los suyos
  le ha faltado el valor.
EL HORACIO
  Es una suerte que mi escudo sea ligero. Así
  puedo correr mejor.
CORO DE HORACIOS
  ¡Se burla de nosotros!
EL ESPADERO CURIACIO
  Yo corro
  tan deprisa como puedo. Mi escudo
  es pesado.
EL HORACIO
  Y yo corro
  tan rápido como puedes correr tú.
  ¡Corre más aprisa! Si no
  ¡terminaré por escapar de ti!
CORO DE HORACIOS
  ¡Borrad sus fratrías!
  Donde estaban ya no hay nada.
  El plan que contaba con ellas...

Mientras están borrando las fratrías del espadero horacio en el cuadro de fuerzas, él se vuelve describiendo un pequeño círculo y ataca al espadero curiacio. Durante la persecución, los perseguidores se han distanciado.

¡Alto! ¡Da la vuelta! ¡Gira!
¡Ataca!
CORO DE CURIACIOS
¡Ataca!
Y nuestro espadero
está extenuado. Su escudo
era pesado. ¡Y nuestro arquero
no ha podido seguirlo!
CORO DE HORACIOS
Nuestro arquero
le destrozó la rodilla y lo cargó
con sus botas y su yelmo y su morral.
CORO DE CURIACIOS
¡También nuestro lancero se quedó atrás!
CORO DE HORACIOS
Nuestro lancero
le destrozó el flanco.

El horacio, tras una breve lucha, derriba al jadeante espadero curiacio. Luego sigue corriendo hacia el arquero.

CORO DE CURIACIOS
El espadero ha caído.
Borrad doce cohortes
del cuadro de las fuerzas.
Allí donde estaban...

El horacio ha alcanzado al arquero, le ha hecho saltar de la mano la espada y lo ha derribado. Luego sigue corriendo.

CORO DE CURIACIOS
　También el arquero ha caído. Y el enemigo
　sigue atacando. La persecución
　separó a los perseguidores. ¡La huida
　era un ataque! Sólo queda el lancero
　gravemente herido.

El horacio ha alcanzado al lancero y lo derriba sin esfuerzo.

　¡Borrad diecinueve cohortes! Donde estaban
　ya no hay nada. El plan que contaba con ellas
　no podrá ser ya ejecutado por nadie.

Ponen vestidos de luto a las tres mujeres de los caudillos curiacios. Borran las diecinueve cohortes.

CORO DE HORACIOS
　¡Victoria! Tu astucia, espadero,
　dividió al enemigo, y tu fuerza
　lo aniquiló.
EL HORACIO
　Vi acercarse al arquero
　cargado de botín y acercarse al lancero
　sin botín. Y al espadero lo vi sin laurel.
　Entonces supe que se arrojarían sobre mí.
　Y vi al espadero mirar a su alrededor
　mirando al uno con laurel y al otro cargado de botín.
　Entonces lo supe: lo que ahora se acercaba como un ejército
　había sido antes tres y por lo tanto

podía volver a ser tres. Y vi
a uno fuerte y a otro renqueante, y
a un tercero que se arrastraba. Y pensé: tres
pueden luchar aún, pero sólo uno
puede correr todavía.

CORO DE HORACIOS

Los bandidos han sido rechazados.
Insuficientemente aprovechó nuestro arquero la gran máquina
de su entorno en movimiento. Pero nuestro lancero
con balsa y río y un trozo de lanza
se transformó en un potente proyectil.
Y la astucia de nuestro espadero
dividió al enemigo.
Y su fuerza
lo aniquiló.
Nuestro arquero debilitó a su enemigo.
Nuestro lancero hirió gravemente a su enemigo.
Y nuestro espadero consumó la victoria.

Instrucciones para los actores

1. Los comandantes representan al mismo tiempo a un ejército. Siguiendo la costumbre del teatro chino, se puede sugerir las divisiones de los ejércitos mediante banderitas que los comandantes lleven en la nuca sobre un bastidor de madera que les asome por encima de los hombros. Los movimientos de los actores deben ser lentos y estar marcados por la sensación de llevar el soporte a la espalda y por cierta ampulosidad. Los actores indican la aniquilación de sus divisiones arrancando y arrojando con un amplio gesto cierto número de banderitas de su soporte.

2. El paisaje estará fijado al suelo del escenario. Los actores, lo mismo que los espectadores, ven el río o el valle dibujados. Sobre un suelo inclinado se pueden instalar unos decorados, todo el campo de batalla, bosques a la altura de la rodilla, colinas, etc. Sin embargo, los deco-

rados no deben ser gratuitos (por ejemplo, no coloreados) y deben asemejarse a los antiguos mapas. En el capítulo «Los siete usos de la lanza», se pueden indicar los obstáculos (grieta en la roca, ventisquero, etc.) en pequeñas tablillas fijadas al escenario.

3. También las posiciones de los movimientos deben estar determinadas; los actores se mueven, en cierto modo, sobre unas huellas. Esto resulta necesario porque hay que medir el tiempo. En la primera batalla, el reloj es el del sol. En la segunda batalla, durante «Los siete usos de la lanza», el reloj es el curiacio. Los acontecimientos se representan como si se desarrollaran a cámara lenta.

4. En la batalla de los arqueros no son necesarias las flechas.

5. Para sugerir la ventisca se esparcirán sobre el lancero unos puñados de recortes de papel.

6. Por lo que se refiere a la forma de decir los versos, la emisión de voz debe comenzar con cada verso. Sin embargo, el recitado no debe resultar entrecortado.

7. Se puede prescindir de la música y utilizar sólo tambores. Al cabo de un rato resultarán monótonos, pero sólo por breve tiempo.

8. Los títulos deberán proyectarse o dibujarse sobre pancartas.

Terror y miseria del Tercer Reich
24 escenas

Colaboradora: M. Steffin

EL GRAN DESFILE ALEMÁN

Cuando en el quinto año supimos
que el que decía ser enviado de Dios
estaba listo para su guerra, forjados estaban
tanques, cañones y acorazados, y
en sus hangares había tal número de aviones
que, alzándose a un gesto suyo,
el cielo oscurecerían, decidimos
ver qué pueblo, compuesto de qué gentes
en qué estado y con qué principios
llamaría a sus banderas. E hicimos un gran desfile.

Ahí vienen ya en bandada:
masa desordenada
y pálida. Muy alta
la cruz en la bandera
roja de sangre fiera
que al pobre sobresalta.

Aquellos que no ceden
se arrastran como pueden.
La guerra va a empezar.
No hay gemidos ni quejas
ni murmullos de viejas.
Música militar.

Son niños y mujeres.
Cinco años, no te mueres,
pero otros cinco vendrán.
Traen a enfermos y ancianos,
eran todos hermanos...
Ejército alemán.

1

COMUNIDAD NACIONAL

>   Ahí están ya las SS,
>   la cerveza que no cese.
>   Van cansados y repletos.
>   Quieren pueblo poderoso
>   muy temido y fervoroso.
>   Un pueblo de hombres muy quietos.

Noche del 30 de enero de 1933. Dos oficiales de las SS vienen por la calle dando traspiés.

EL PRIMERO. Ahora estamos arriba. ¡Qué impresionante, la marcha de las antorchas! Ayer todavía derrotados, hoy en la Cancillería del Reich. Ayer buitre vencido, hoy águila imperial.

Orinan.

EL SEGUNDO. Y ahora viene la Comunidad Nacional. Yo espero un levantamiento del pueblo alemán de enormes proporciones.
EL PRIMERO. Pero primero habrá que hacer salir al alemán de la chusma de los infraseres. ¿En dónde estamos? No hay banderas.
EL SEGUNDO. Nos hemos perdido.
EL PRIMERO. Un lugar asqueroso.
EL SEGUNDO. Un barrio de asesinos.
EL PRIMERO. ¿Crees que es peligroso?
EL SEGUNDO. Ningún camarada como es debido viviría en semejantes barracas.
EL PRIMERO. ¡No hay luz por ningún lado!
EL SEGUNDO. No estarán en casa.
EL PRIMERO. Estos tipos sí. ¿Crees que habrán ido a ver de cerca el advenimiento del Tercer Reich? Vamos nosotros cubriéndonos la retirada.

Otra vez se ponen en movimiento tambaleantes, el primero detrás del segundo.

EL PRIMERO. ¿No es éste el barrio que bordea el canal?
EL SEGUNDO. No lo sé.
EL PRIMERO. Ahí en la esquina descubrimos una guarida de marxistas. Luego dijeron que era una asociación de jóvenes católicos. ¡Mentira! Ninguno llevaba babero.

EL SEGUNDO. ¿Crees que él conseguirá realizar la Comunidad Nacional?
EL PRIMERO. ¡Lo conseguirá todo!

Se detiene y escucha. En alguna parte se ha abierto una ventana.

EL SEGUNDO. ¿Qué es eso?

Quita el seguro a su pistola. Un anciano se asoma a la ventana en camisón y se le oye llamar en voz baja: «Emma, ¿eres tú?».

EL SEGUNDO. ¡Son ellos!

Da vueltas como un loco y empieza a disparar en todas direcciones.

EL PRIMERO *ruge:* ¡Socorro!

Tras una ventana situada frente a la que está abierta, en la que todavía sigue el anciano, se oye el grito horrible de alguien alcanzado por los disparos.

2

LA DELACIÓN

> Ahí vienen delatores que, sin tino,
> cavaron la fosa de su vecino

y saben que lo sabemos.
¿Tal vez la calle lo olvide?
No duermen: nadie lo impide.
Algún día los tendremos.

Breslau, 1933. Un piso de pequeños burgueses. Una mujer y un hombre, de pie junto a la puerta, escuchan. Están muy pálidos.

LA MUJER. Ahora están abajo.
EL HOMBRE. Todavía no.
LA MUJER. Han roto la barandilla. Estaba ya sin conocimiento cuando lo sacaron del piso arrastrando.
EL HOMBRE. Yo sólo dije que no era aquí donde se escuchaban en la radio emisiones extranjeras.
LA MUJER. Sólo dijiste eso.
EL HOMBRE. No dije nada más.
LA MUJER. No me mires así. Si no dijiste nada más, es que no dijiste nada más.
EL HOMBRE. Eso digo yo.
LA MUJER. ¿Por qué no vas a la comisaría y dices que no tuvieron visitas el sábado?

Pausa.

EL HOMBRE. No voy a ir a la comisaría. Lo han tratado como bestias.
LA MUJER. Le está bien empleado. ¿Por qué se mete en política?
EL HOMBRE. No hubieran tenido que romperle la chaqueta. No era para tanto.

LA MUJER. La chaqueta es lo de menos.
EL HOMBRE. No hubieran tenido que rompérsela.

3

LA CRUZ DE TIZA

> La SA ya venía
> rastreando cual jauría
> persiguiendo a sus hermanos.
> Los dejan ante el jefazo
> saludando en alto el brazo.
> La sangre mancha sus manos.

Berlín, 1933. La cocina de una mansión. El hombre de la SA, la cocinera, la muchacha y el chófer.

LA MUCHACHA. ¿De verdad que no tienes más que media hora?
EL HOMBRE DE LA SA. ¡Hay ejercicios!
LA COCINERA. ¿Qué ejercicios son ésos?
EL HOMBRE DE LA SA. ¡Eso es secreto oficial!
LA COCINERA. ¿Una batida?
EL HOMBRE DE LA SA. ¡Te gustaría saberlo! Pero a mí nadie me saca nada. No diré esta boca es mía.
LA MUCHACHA. ¿Y todavía tienes que ir hasta Reinickendorf?
EL HOMBRE DE LA SA. A Renickendorf o a Rummerlsburg, o quizá a Lichterfeld, ¿eh?
LA MUCHACHA, *un tanto desconcertada:* ¿No quieres comer algo antes de irte?

EL HOMBRE DE LA SA. Nunca me hago de rogar: ¡venga el rancho!

La cocinera trae una bandeja.

Eso es, ¡no hay que irse de la boca! ¡Coger al enemigo por sorpresa! Caerle siempre cuando menos se lo espera. ¡Mirad al Führer cuando está preparando un golpe! ¡Impenetrable! No se sabe nada de antemano. Quizá ni él mismo lo sabe de antemano. Y luego, como un relámpago. Las cosas más increíbles. Eso es lo que hace que nos teman tanto. *Se ha anudado la servilleta al cuello. Levantando tenedor y cuchillo, pregunta:* ¿No irán a venir de pronto los señores, Anna? Y yo aquí sentado, con la boca llena de mayonesa. *Exagerando, como si tuviera la boca llena:* ¡Heil Hitler!
LA MUCHACHA. No, siempre llaman antes para pedir el coche, ¿verdad, señor Francke?
EL CHÓFER. ¿Cómo dice? ¡Ah sí, claro!

El hombre de la SA, tranquilizado, empieza a ocuparse de la bandeja.

LA MUCHACHA, *sentándose a su lado:* ¿No estás cansado?
EL HOMBRE DE LA SA. Hecho polvo.
LA MUCHACHA. ¿Pero el viernes estarás libre?
EL HOMBRE DE LA SA, *asintiendo:* Si no surge algo.
LA MUCHACHA. Oye, arreglar el reloj me costó cuatro marcos y medio.
EL HOMBRE DE LA SA. Qué robo.

LA MUCHACHA. El reloj sólo me había costado doce.

EL HOMBRE DE LA SA. ¿Sigue fastidiándote el dependiente de la droguería?

LA MUCHACHA. Ay Dios.

EL HOMBRE DE LA SA. No tienes más que decírmelo.

LA MUCHACHA. Yo te lo digo todo. ¿Llevas las botas nuevas?

EL HOMBRE DE LA SA, *desanimado:* Sí. ¿Por qué?

LA MUCHACHA. Minna, ¿ha visto las botas nuevas de Theo?

LA COCINERA. No.

LA MUCHACHA. ¡Enséñaselas, Theo! Se las acaban de dar.

El hombre de la SA, sin dejar de masticar, estira una pierna para que le vean la bota.

LA MUCHACHA. Bonitas, ¿no?

El hombre de la SA mira a su alrededor buscando algo.

LA COCINERA. ¿Le falta algo?

EL HOMBRE DE LA SA. Estoy un poquito seco.

LA MUCHACHA. ¿Quieres una cerveza? Te la traeré. *Sale corriendo.*

LA COCINERA. ¡Ésa se desvive por usted, señor Theo!

EL HOMBRE DE LA SA. Sí, debo de tener algo. Algo fulminante.

LA COCINERA. Los hombres os podéis permitir demasiadas cosas.

EL HOMBRE DE LA SA. Porque a las mujeres os gusta. *Viendo que la cocinera levanta un caldero muy pesado:*

¿Pero qué hace? Déjeme, eso es cosa mía. *Le lleva el caldero.*
LA COCINERA. Es usted muy amable. Siempre me ayuda. Pero no todos son tan serviciales. *Echando una mirada al chófer.*
EL HOMBRE DE LA SA. No haga tantos aspavientos. Lo hago con gusto.

Llaman a la puerta de la cocina.

LA COCINERA. Es mi hermano. Trae la lámpara para la radio.

Deja entrar a su hermano, un obrero.

LA COCINERA. Mi hermano.
EL HOMBRE DE LA SA Y EL CHÓFER. ¡Heil Hitler!

El obrero murmura algo que, en caso de apuro, podría interpretarse como «Heil Hitler».

LA COCINERA. ¿Traes la lámpara?
EL OBRERO. Sí.
LA COCINERA. ¿Quieres ponerla enseguida?

Salen los dos.

EL HOMBRE DE LA SA. ¿Qué clase de tipo es?
EL CHÓFER. Un parado.
EL HOMBRE DE LA SA. ¿Viene a menudo?
EL CHÓFER, *encogiéndose de hombros:* Yo vengo poco por aquí.

EL HOMBRE DE LA SA. Bueno, la gorda no puede ser más fiel a la causa nacional.
EL CHÓFER. Desde luego.
EL HOMBRE DE LA SA. Sin embargo, su hermano puede ser muy distinto.
EL CHÓFER. ¿Sospecha usted algo concreto?
EL HOMBRE DE LA SA. ¿Yo? No. ¡Nunca! Nunca sospecho nada. Sabe, eso es ya casi una certeza. Y entonces la cosa va en serio.
EL CHÓFER, *murmurando:* Fulminante.
EL HOMBRE DE LA SA. Así es. *Echado hacia atrás y con un ojo cerrado:* ¿Entendió usted lo que murmuraba? *Imita el saludo del obrero.* Puede haber sido «¡Heil Hitler!». Pero no estoy muy seguro. Esos tipos me gustan.

Se ríe a carcajadas. Vuelven la cocinera y el obrero. Ella sirve a su hermano algo de comer.

LA COCINERA. Mi hermano entiende mucho de radio. Y, sin embargo, no le interesa nada escucharla. Si yo tuviera tiempo, la tendría siempre encendida. *Al obrero:* Y a ti el tiempo te sobra, Franz.
EL HOMBRE DE LA SA. ¿De veras? ¿Tiene una radio y no la pone?
EL OBRERO. A veces oigo música.
LA COCINERA. Y, sin embargo, se fabricó él mismo, con nada, el mejor de los aparatos.
EL HOMBRE DE LA SA. ¿De cuántas lámparas?
EL OBRERO, *mirándolo desafiante:* Cuatro.
EL HOMBRE DE LA SA. Bueno, cada uno tiene su gusto. *Al chófer:* ¿No es verdad?

EL CHÓFER. ¿Cómo dice? Ah sí, naturalmente.

Entra la muchacha con la cerveza.

LA MUCHACHA. ¡Está bien helada!
EL HOMBRE DE LA SA, *poniéndole cariñosamente la mano en la suya:* Muchacha, estás sin aliento. No hubieras debido correr así, yo podía esperar.

Ella le sirve de la botella.

LA MUCHACHA. No importa. *Le da la mano al obrero.* ¿Ha traído la lámpara? Pero siéntese un rato. Seguro que ha hecho todo el camino a pie. *Al hombre de la SA:* Vive en Moabit.
EL HOMBRE DE LA SA. ¿Dónde está mi cerveza? ¡Alguien se ha tomado mi cerveza! *Al chófer:* ¿Se ha tomado usted mi cerveza?
EL CHÓFER. ¡No, claro que no! ¿Cómo se le ocurre? ¿Le ha desaparecido la cerveza?
LA MUCHACHA. ¡Pero si yo te la he servido!
EL HOMBRE DE LA SA, *a la cocinera:* ¡Usted se ha tomado mi cerveza! *Riéndose a carcajadas.* Bueno, calmaos. ¡Es un truco de nuestra cantina! Tomarse la cerveza sin que nadie se dé cuenta. *Al obrero:* ¿Iba a decir algo?
EL OBRERO. Un truco muy viejo.
EL HOMBRE DE LA SA. ¡Hágalo entonces! *Le sirve de la botella.*
EL OBRERO. Bueno. Aquí tengo la cerveza –*levanta el vaso*–, y ahora viene el truco. *Se bebe la cerveza tranquilamente y con placer.*

LA COCINERA. ¡Pero se le ha visto!

EL OBRERO, *secándose la boca:* ¿Ah sí? Entonces es que me ha salido mal.

El chófer se ríe a carcajadas.

EL HOMBRE DE LA SA. ¿Lo encuentra gracioso?

EL OBRERO. ¡Tampoco usted puede haberlo hecho de otro modo! ¿Cómo lo ha hecho?

EL HOMBRE DE LA SA. ¿Cómo quiere que se lo enseñe, si se me ha soplado toda la cerveza?

EL OBRERO. Aah, es verdad. Sin cerveza no podrá hacer el truco. ¿No conoce otro? Conoceréis más de un truco.

EL HOMBRE DE LA SA. ¿A quién se refiere?

EL OBRERO. Quiero decir los jóvenes.

EL HOMBRE DE LA SA. Ah.

LA MUCHACHA. ¡Sólo ha sido una broma del señor Lincke, Theo!

EL OBRERO, *pensando que es mejor contemporizar:* ¡No me lo tomará a mal!

LA COCINERA. Le traeré otra cerveza.

EL HOMBRE DE LA SA. No hace falta. Ya he podido enjuagarme.

LA COCINERA. El señor Theo sabe entender una broma.

EL HOMBRE DE LA SA, *al obrero:* ¿Por qué no se sienta? No nos comemos a nadie.

El obrero se sienta.

Vivir y dejar vivir. Y de vez en cuando alguna broma. ¿Por qué no? Sólo somos duros en lo que se refiere a la forma de pensar.

LA COCINERA. Tenéis que serlo.

EL OBRERO. ¿Y cómo está ahora la forma de pensar?

EL HOMBRE DE LA SA. La forma de pensar está bien. ¿Por qué? ¿No está usted de acuerdo?

EL OBRERO. Sí. Pero creo que nadie dice lo que piensa.

EL HOMBRE DE LA SA. ¿Que nadie lo dice? ¿Por qué? A mí sí que me lo dicen.

EL OBRERO. ¿De veras?

EL HOMBRE DE LA SA. Claro está que no van a venir a decirle a uno lo que piensan. Hay que ir allí.

EL OBRERO. ¿Adónde?

EL HOMBRE DE LA SA. Bueno, por ejemplo a la oficina del subsidio de desempleo. Por las mañanas vamos a esa oficina.

EL OBRERO. Es verdad, allí se pone a protestar alguno de vez en cuando.

EL HOMBRE DE LA SA. Precisamente.

EL OBRERO. Pero así sólo pueden pescar uno, porque luego los conocen. Y entonces vuelven a cerrar la boca.

EL HOMBRE DE LA SA. ¿Cómo que me conocen? ¿Quiere que le demuestre que no me conocen? A usted le gustan los trucos. Le puedo enseñar uno, porque tenemos muchos. Y, como digo yo siempre, si se dieran cuenta de todo lo que sabemos y de que nunca se saldrán con la suya, quizá renunciarían.

LA MUCHACHA. ¡Sí, Theo, cuenta cómo lo hacéis!

EL HOMBRE DE LA SA. Bueno, supongamos que estamos en la oficina del subsidio de la Münzstrasse. Digamos

—mira al obrero— que está usted en la cola delante de mí. Pero antes tengo que hacer algunos preparativos. *Sale.*

EL OBRERO, *guiñando un ojo al chófer:* Ahora veremos cómo trabajan.

LA COCINERA. Descubrirán a todos los marxistas, porque no se puede tolerar que lo destruyan todo.

EL OBRERO. Ajá.

Vuelve el hombre de la SA.

EL HOMBRE DE LA SA. Naturalmente, yo voy de paisano. *Al obrero:* Y ahora empiece a protestar.

EL OBRERO. ¿Contra qué?

EL HOMBRE DE LA SA. Bueno, no se ande con rodeos. Siempre tenéis alguna cosa de que protestar.

EL OBRERO. ¿Yo? No.

EL HOMBRE DE LA SA. Está usted escarmentado. ¡Pero no me irá a decir que todo es perfecto!

EL OBRERO. ¿Por qué no?

EL HOMBRE DE LA SA. Así no vamos a ninguna parte. Si no colabora, no iremos a ninguna parte.

EL OBRERO. Está bien. Diré impertinencias. Lo tienen a uno aquí, como si nuestro tiempo no valiera nada. Y además tardo dos horas en venir desde Rummelsburg.

EL HOMBRE DE LA SA. Eso no vale. Rummelsburg no está más lejos de la Münzstrasse en el Tercer Reich que en la época de los capitostes de la República de Weimar. ¡Venga de una vez!

LA COCINERA. No es más que teatro, Franz. Sabemos que lo que digas no será lo que realmente piensas.

La muchacha. Por decirlo así, interpretas el papel de un protestón. Puedes estar completamente seguro de que Theo no lo tomará a mal. Sólo quiere enseñarte algo.

El obrero. Bueno. Entonces diré que me paso por el culo a toda la SA, tan bonita como es. Yo estoy a favor de los marxistas y de los judíos.

La cocinera. ¡Pero Franz!

La muchacha. ¡Eso no vale, señor Lincke!

El hombre de la SA, *riéndose:* ¡Hombre! ¡Entonces lo haría detener sencillamente por el primer poli! ¿No tiene dos dedos de imaginación? Tiene que decir algo a lo que, llegado el caso, pudiera dar otro sentido, algo que realmente pueda decirse.

El obrero. Bueno, entonces tenga usted la amabilidad de provocarme.

El hombre de la SA. Eso no sirve desde hace tiempo. Podría decir que nuestro Führer es el hombre más grande que ha habido en la tierra, más grande que Jesucristo y Napoleón juntos, y entonces usted diría, todo lo más: eso sí que es verdad. Entonces yo seguiría otro método y diría: pero lo que ellos tienen grande es la bocaza. Todo es propaganda. En eso son los amos. ¿Sabéis el chiste de Goebbels y los dos piojos? ¿No? Bueno, pues dos piojos apuestan a quién llega primero de un lado a otro de la boca. Y gana el que da la vuelta alrededor de la cabeza. Es el camino más corto.

El chófer. Ah.

Todos se ríen.

EL HOMBRE DE LA SA, *al obrero:* Bueno, ahora arriésguese también a decir algo.

EL OBRERO. Por eso no voy a ponerme a decir sandeces. A pesar del chiste, usted podría ser un soplón.

LA MUCHACHA. Eso es verdad, Theo.

EL HOMBRE DE LA SA. ¡Sois todos unos mierdas! ¡A veces me pongo furioso! Nadie se atreve a decir esta boca es mía.

EL OBRERO. ¿Eso lo piensa realmente, o lo dice en la oficina del subsidio?

EL HOMBRE DE LA SA. Eso lo digo también en la oficina del subsidio.

EL OBRERO. Si lo dice en la oficina del subsidio, yo le digo en esa oficina que cuando se tiene el tejado de vidrio hay que ser prudente. Yo soy cobarde y no tengo revólver.

EL HOMBRE DE LA SA. Voy a decirte una cosa, camarada, ya que hablas tanto de prudencia: eres muy prudente, muy prudente, ¡y de pronto te encuentras en el Servicio de Trabajo Voluntario!

EL OBRERO. ¿Y si no eres tan prudente?

EL HOMBRE DE LA SA. Entonces, de todas formas, también. Eso lo reconozco. Por eso se llama voluntario. Bonita voluntariedad, ¿verdad?

EL OBRERO. Entonces podría ocurrir que alguien fuera así de atrevido y los dos estuvierais ante la oficina del subsidio y que usted lo mirase con sus ojos azules, de forma que él dijera algo sobre la voluntariedad del servicio de trabajo. ¿Qué podría decir? Pues algo así como: ayer se fueron otros quince. A menudo me pregunto cómo consiguen que lo hagan, si todo es voluntario, y sin embargo, cuando hacen algo no reciben menos que cuando no hacen nada, aunque tendrían que comer más. Entonces me contaron la historia del Doctor Ley y el gato, y naturalmente todo me resultó claro. ¿Conoce la historia?

EL HOMBRE DE LA SA. No, no la conocemos.

EL OBRERO. Pues el Doctor Ley hace un pequeño viaje de negocios con la organización «A la Fuerza por la Alegría» y conoce a un capitoste de la República de Weimar, ya no me acuerdo del nombre, quizá fuera en un campo de concentración, aunque allí no va el Doctor Ley, porque es muy sensato, y el capitoste le pregunta enseguida cómo se las arregla para que los obreros se traguen todo lo que antes no se hubieran tragado de ninguna manera. El Doctor Ley le muestra un gato que toma el sol y le dice: supongamos que quiera usted que se trague una buena ración de mostaza, le guste o no. ¿Qué haría? El mandamás coge la mostaza y se la unta al gato en el hocico y, naturalmente, el animal se la escupe a la cara; de tragársela nada, pero ¡arañazos los que quiera! No hombre, le dice el Doctor Ley con su estilo afable, eso es un error. ¡Mírame! Coge la mostaza con un amplio gesto y, en un abrir y cerrar de ojos, se la mete al infeliz animal por el culo. *A las señoras:* Ustedes me perdonarán, pero la historia es así... El animal, muy afectado y aturdido, porque le duele muchísimo, se pone enseguida a lamerse toda la mostaza. Ya ve, amigo, dice triunfante el Doctor Ley, ¡se la traga! ¡Y voluntariamente!

Se ríen.

El obrero. Sí, muy divertido.

El hombre de la SA. Ahora vamos un poco mejor. El Servicio Voluntario de Trabajo es uno de los temas favoritos. Lo malo es que ya nadie se atreve a resistirse. Nos pueden dar mierda de comer y todavía les daremos las gracias.

El obrero. No, eso tampoco es verdad. Hace poco estaba en la Alexanderplatz, pensando si debía presentarme impulsivamente en el Servicio Voluntario de Trabajo o esperar a que me llevaran arrastrando. Y entonces sale del almacén de comestibles de la esquina una mujer pequeña y delgada, evidentemente la mujer de un proletario. Alto ahí, le digo, ¿desde cuándo hay aún proletarios en el Tercer Reich, cuando tenemos una Comunidad Nacional, que incluye hasta a los Thyssen? No, dice ella, ¡han subido el precio de la margarina! De cincuenta pfennig a un marco. ¿Me va a convencer de que eso es una Comunidad Nacional? Buena mujer, tenga cuidado con lo que me dice, porque yo soy nacional hasta los huesos. Huesos, dice ella, pero nada de carne, y salvado en el pan. ¡A eso se atrevió! Yo me quedo estupefacto y murmuro: ¡Tiene que comprar mantequilla! ¡Además, es más sana! No hay que ahorrar en la comida porque se debilitan las fuerzas del pueblo, lo que no podemos permitirnos con los enemigos que nos rodean, hasta en los puestos más altos... nos lo han advertido. No, dice ella, nazis somos todos, hasta el último suspiro, que puede venir muy pronto por el peligro de una guerra. Pero cuando, hace poco, dice ella, quise dar mi mejor sofá al Socorro de Invierno, porque al parecer Göring tiene que dormir en el suelo, con todas esas preocupaciones por las materias primas, me dicen en la oficina que ¡preferirían un piano, para «A la Fuerza por la Alegría», ¿sabe?! No hay harina de verdad. Me vuelvo a llevar el sofá del Socorro de Invierno y voy al trapero de la esquina, porque hacía ya tiempo que quería comprarme media libra de mantequilla. Los de la mantequería dicen: hoy no hay mantequilla, compañera, ¿no quiere un cañón? Démelo, le digo, dice ella. Y yo le digo: Pero, buena mujer, ¿para qué quiere cañones? ¿Con la tripa vacía? No, dice ella, si tengo que morirme de hambre, más vale arrasar por completo a toda esa chusma, con Hitler a la cabeza... Pero, le digo, pero, exclamo horrorizado... Con Hitler a la cabeza venceremos también a los franceses, dice ella. ¡Si ya fabricamos gasolina con lana! ¿Y la lana?, digo yo. La lana, dice ella, la fabricamos ahora con gasolina. ¡También necesitamos lana! Cuando una buena pieza de lana de los viejos tiempos llega al Socorro de Invierno, se la disputan los del Partido. Si Hitler lo supiera, oiga, pero ése no sabe nada, le importa un pimiento, al parecer no hizo ni el bachillerato. Bueno, yo no sabía qué decir ante tanto disparate. Oiga joven, le digo, ¡tengo que ir un momento a la Alexanderplatz! Pero, qué me dice, cuando vuelvo con un agente, ¡no me esperaba ya! *Deja de fingir.* Bueno, ¿qué me dice de todo eso?

EL HOMBRE DE LA SA, *continuando el juego:* ¿Yo? Bueno, ¿qué le voy a decir? Quizá le mirase con reproche. Ir corriendo a la Alexanderplatz..., le diría quizá. ¡A ti no se te puede decir nada con franqueza!

EL OBRERO. No se puede. A mí no. Si alguien me confía algo, va listo. Sé cuál es mi deber de camarada y, si mi propia madre me susurrara algo al oído sobre el aumento del precio de la margarina o algo así, me iría enseguida a la sede de la Sección. Denunciaría a mi propio hermano si murmurase del Servicio de Trabajo Voluntario. Y en cuanto a mi novia, si me escribiera que en el campo de trabajo le habían hecho una barriga con sus «Heil Hitler», la iría a buscar: nada de abortos porque, si no actuamos así, si nos ponemos en contra de nuestra propia carne y nuestra propia sangre, el Tercer Reich, al que amamos por encima de todo, no perdurará... ¿Lo he hecho mejor ahora? ¿Está contento conmigo?

EL HOMBRE DE LA SA. Creo que ya basta. *Sigue con el juego.* Y ahora puedes ir tranquilo a que te sellen la cartilla, te he comprendido, todos te hemos comprendido, ¿verdad, compañeros? Pero en mí puedes confiar, camarada, seré mudo como una tumba. *Le da una palmada en el hombro y deja de fingir.* Bueno, y ahora se irá a la Oficina del Subsidio de Desempleo y lo detendrán inmediatamente.

EL OBRERO. ¿Sin que usted se salga de la fila y me siga?

EL HOMBRE DE LA SA. Sin necesidad de eso.

EL OBRERO. ¿Y sin que le haga una seña a nadie de que hay alguien sospechoso?

EL HOMBRE DE LA SA. Sin necesidad de hacer señas.

EL OBRERO. ¿Y cómo?

EL HOMBRE DE LA SA. ¡Quiere saber el truco! Póngase de pie y enséñenos la espalda. *Lo hace girar agarrándolo por los hombros, para que todos puedan vérsela. Luego, a la muchacha:* ¿Lo ves?

LA MUCHACHA. ¡Tiene una cruz, una cruz blanca!
LA COCINERA. ¡En mitad de la espalda!
EL CHÓFER. Es verdad.
EL HOMBRE DE LA SA. ¿Y cómo ha llegado hasta ahí? *Enseña la palma de la mano:* Bueno, ¡aquí está la crucecita blanca que ha pasado ahí de tamaño natural!

El obrero se quita la chaqueta y contempla la cruz.

EL OBRERO. Buen trabajo.
EL HOMBRE DE LA SA. Bueno, ¿verdad? Llevo siempre tiza encima. Hay que pensar un poco, para eso no hay plan. *Satisfecho.* Y ahora, a Reinickendorf. *Se corrige:* Tengo allí una tía. No parecéis muy entusiasmados. *A la muchacha:* ¿Por qué pones esa cara de tonta, Anna? ¿Es que no has comprendido el truco?
LA MUCHACHA. Claro que sí. Qué te crees, tan torpe no soy.
EL HOMBRE DE LA SA, *como si se le hubiera estropeado la diversión, extiende la mano:* ¡Límpiamela!

Ella le limpia la mano con un trapo.

LA COCINERA. Es que hay que trabajar así, porque quieren destruir todo lo que ha levantado nuestro Führer y nos envidian todos los pueblos.
EL CHÓFER. ¿Cómo dice? Tiene toda la razón. *Saca su reloj.* Voy a lavar el coche. ¡Heil Hitler! *Sale.*
EL HOMBRE DE LA SA. ¿Qué clase de tipo es ése?
LA MUCHACHA. Un hombre tranquilo. No quiere saber nada de política.

EL OBRERO, *levantándose:* Bueno, Minna, yo también me voy... Y no me guardes rencor por lo de la cerveza. Tengo que confesar que he vuelto a convencerme de que nadie que tenga algo contra el Tercer Reich puede salirse con la suya, eso es una tranquilidad. Por lo que a mí se refiere, nunca tengo contacto con esos elementos destructores, aunque me gustaría encontrarme con alguno. Pero no tengo vuestra presencia de ánimo. *Clara y distintamente:* Bueno, Minna, muchas gracias y ¡Heil Hitler!
LOS OTROS. ¡Heil Hitler!
EL HOMBRE DE LA SA. Si quiere que le dé un buen consejo, será mejor que no parezca tan inocente. Eso llama la atención. Conmigo puede permitirse algún pequeño desahogo, porque sé entender una broma. Bueno, ¡Heil Hitler!

Sale el obrero.

Un tanto deprisa se han largado los muchachos. ¡Como si les hubiera entrado algo de repente! Lo de Reinickendorf no hubiera debido decirlo. Están siempre sobre aviso.
LA MUCHACHA. Tengo que pedirte una cosa, Theo.
EL HOMBRE DE LA SA. ¡Suéltalo!
LA COCINERA. Voy a colgar la ropa. También yo he sido joven. *Sale.*
EL HOMBRE DE LA SA. ¿Qué pasa?
LA MUCHACHA. Te lo diré sólo si sé que no me lo vas a tomar a mal. Si no, no te digo nada.
EL HOMBRE DE LA SA. ¡Venga, suéltalo!

LA MUCHACHA. Es sólo que... Me resulta penoso... necesito veinte marcos del dinero.
EL HOMBRE DE LA SA. ¿Veinte marcos?
LA MUCHACHA. Ya ves, te parece mal.
EL HOMBRE DE LA SA. Es que sacar veinte marcos de la cartilla de ahorros no es algo que me guste. ¿Para qué quieres esos veinte marcos?
LA MUCHACHA. Preferiría no decírtelo.
EL HOMBRE DE LA SA. Vaya. No me lo quieres decir. Eso lo encuentro raro.
LA MUCHACHA. Sé que no vas a estar de acuerdo conmigo, y prefiero no decirte mis razones, Theo.
EL HOMBRE DE LA SA. Si no tienes confianza en mí...
LA MUCHACHA. Sí que confío en ti.
EL HOMBRE DE LA SA. Entonces, ¿quieres que liquidemos nuestra cartilla de ahorros?
LA MUCHACHA. ¡Cómo puedes pensar algo así! Si saco esos veinte marcos, me quedarán todavía noventa y siete.
EL HOMBRE DE LA SA. No necesitas decírmelo tan exactamente. Yo también sé el dinero que hay. Sólo puedo imaginarme que quieres romper conmigo porque quizá estés coqueteando con algún otro. Quizá quieras que él revise las cuentas.
LA MUCHACHA. Yo no coqueteo con nadie.
EL HOMBRE DE LA SA. Entonces dime para qué es.
LA MUCHACHA. No vas a querer dármelo.
EL HOMBRE DE LA SA. ¿Cómo puedo saber que no lo quieres para algo que no está bien? Me siento responsable.
LA MUCHACHA. No es para nada indebido, pero si no lo necesitara no te lo pediría, eso lo sabes.

EL HOMBRE DE LA SA. Yo no sé nada. Sólo sé que todo me resulta bastante turbio. ¿Para qué necesitas de repente veinte marcos? Es una bonita suma. ¿Estás embarazada?
LA MUCHACHA. No.
EL HOMBRE DE LA SA. ¿Estás segura?
LA MUCHACHA. Sí.
EL HOMBRE DE LA SA. Si llegara a enterarme de que te proponías algo ilegal, si me llegara el menor indicio, todo habría terminado, te lo aseguro. Habrás oído decir que todo lo que atenta contra el fruto que germina es el mayor crimen que se puede cometer. Si el pueblo alemán no se multiplica, se acabó su misión histórica.
LA MUCHACHA. Pero Theo, no sé de qué me hablas. No es nada de eso: te lo diría, porque sería también cosa tuya. Sin embargo, si puedes pensar algo así, te lo diré. Sólo es porque quiero ayudar a Frieda a comprarse un abrigo de invierno.
EL HOMBRE DE LA SA. ¿Y por qué no puede tu hermana comprarse ella el abrigo?
LA MUCHACHA. No puede hacerlo con su pensión de invalidez, son veintiséis marcos mensuales.
EL HOMBRE DE LA SA. ¿Y el Socorro de Invierno? Eso es lo que pasa, no tenéis ninguna confianza en el Estado Nacionalsocialista. Lo puedo ver sólo escuchando las conversaciones de esta cocina. ¿Crees que no me he dado cuenta de que antes has reaccionado muy mal ante mi experimento?
LA MUCHACHA. ¿Cómo que he reaccionado muy mal?
EL HOMBRE DE LA SA. ¡Sí, tú! ¡Exactamente igual que esos tipos que se largaron de pronto!

LA MUCHACHA. Si quieres que te diga la verdad, esas cosas no me gustan nada.

EL HOMBRE DE LA SA. ¿Y qué es lo que no te gusta, si se puede saber?

LA MUCHACHA. Que hagas detener a esos pobres diablos con engaños y trucos y demás. Mi padre está también sin trabajo.

EL HOMBRE DE LA SA. Bueno, eso es lo que quería oír. De todas formas me lo había imaginado al hablar con ese Lincke.

LA MUCHACHA. ¿Quieres decir que vas a tenderle una trampa por lo que él ha hecho para darte gusto y porque todos lo hemos animado a hacerlo?

EL HOMBRE DE LA SA. Yo no digo nada, ya lo he dicho antes. Y si tienes algo en contra de lo que hago en cumplimiento de mi deber, tendré que decirte que puedes leer en *Mein Kampf* que el propio Führer no consideraba indigno poner a prueba las convicciones del pueblo y que, incluso, ésa fue su tarea durante cierto tiempo, cuando estaba en el *Reichswehr,* y que lo hacía por Alemania y eso ha tenido grandes consecuencias.

LA MUCHACHA. Si te pones así, Theo, lo que quiero es saber si puedo contar con los veinte marcos y nada más.

EL HOMBRE DE LA SA. A eso sólo puedo decirte que no estoy precisamente de humor para dejar que me saquen los cuartos.

LA MUCHACHA. ¿Cómo que sacarte los cuartos? ¿Es mi dinero o el tuyo?

EL HOMBRE DE LA SA. ¡De pronto tienes una extraña forma de hablar del dinero de los dos! ¿Para eso hemos alejado a los judíos de la vida nacional, para que ahora nuestros propios camaradas nos chupen la sangre?

LA MUCHACHA. ¿No dirás eso por los veinte marcos?

EL HOMBRE DE LA SA. Ya tengo suficientes gastos. Sólo las botas me costaron veintisiete.

LA MUCHACHA. ¿Pero no te las dieron en el servicio?

EL HOMBRE DE LA SA. Sí, eso creíamos. Por eso elegí también las mejores, las de polainas. Y luego nos las cobraron y nos quedamos con dos palmos de narices.

LA MUCHACHA. ¿Veintisiete marcos por unas botas? ¿Y cuáles han sido los otros gastos?

EL HOMBRE DE LA SA. ¿Qué otros gastos?

LA MUCHACHA. Me has dicho que habías tenido muchos gastos.

EL HOMBRE DE LA SA. No me acuerdo. Y no me gusta que me interroguen. Puedes estar tranquila, que no te engañaré. Y lo de los veinte marcos me lo tengo que pensar.

LA MUCHACHA, *llorando:* Theo, no es posible, me dijiste que no había ningún problema con el dinero y sí que lo hay. Ya no sé qué pensar. ¡Nos tienen que quedar todavía veinte marcos en la caja de ahorros de todo nuestro dinero!

EL HOMBRE DE LA SA, *dándole palmaditas en la espalda:* ¿Quién dice que no nos queda ya nada en la caja de ahorros? Eso es imposible. Puedes creer en mí. Lo que tú me confías está tan seguro como en una caja fuerte. Bueno, ¿te fías otra vez de tu Theo?

Ella llora, sin responder.

Eso es sólo una crisis de nervios porque has trabajado demasiado. Me voy a mi ejercicio nocturno. Y el viernes vendré a buscarte. ¡Heil Hitler! *Sale.*

La muchacha trata de contener las lágrimas y va de un lado a otro por la cocina, desesperada. Vuelve la cocinera con un cesto de colada.

LA COCINERA. ¿Pero qué le pasa? ¿Se han peleado? Sin embargo, Theo es un hombre tan recto. Tendría que haber más como él. ¿No será nada serio?
LA MUCHACHA, *sin dejar de llorar:* Minna, ¿podría ir a casa de su hermano y advertirle de que tenga cuidado?
LA COCINERA. ¿De qué?
LA MUCHACHA. Bueno, es algo que se me ha ocurrido.
LA COCINERA. ¿Por lo de esta noche? No puede decirlo en serio. Algo así no lo haría Theo nunca.
LA MUCHACHA. Ya no sé qué pensar, Minna. Ha cambiado tanto. Lo han estropeado por completo. No anda en buenas compañías. Hace cuatro años que estamos juntos y ahora me parece como si... ¡Por favor, mire si no tengo yo también una cruz en la espalda!

4

SOLDADOS DEL PANTANO

> Hay SA por todas partes
> y más vale que te apartes.
> Discuten Lenin y Bebel
> y hasta ves Kautsky y ves Marx
> en manos de Satanás.
> Búnker nazi se los lleve.

Campo de concentración de Esterwegen, 1934. Algunos presos mezclan cemento.

BRÜHL, *en voz baja a Dievenbach:* Apártate de Lohmann, no es de fiar.
DIEVENBACH, *en voz alta:* Lohmann, Brühl me dice que me aparte de ti, que no eres de fiar.
BRÜHL. Qué cerdo.
LOHMANN. ¡Y eso lo dices tú, judas! ¿Por qué mandaron a Karl a la casamata?
BRÜHL. ¿Fue por mí acaso? ¿Es que tengo cigarrillos que nadie sabe de dónde vienen?
LOHMANN. ¿Cuándo he tenido yo cigarrillos?
EL ESTUDIOSO DE LA BIBLIA. ¡Cuidado!

El centinela de la SA pasa por el terraplén de arriba.

EL HOMBRE DE LA SA. Alguien ha hablado. ¿Quién ha sido? *Nadie responde.* Si vuelve a ocurrir, habrá casamata para todos, ¿entendido? ¡Cantad!

Los presos cantan la primera estrofa de «Soldados del pantano». El hombre de la SA sigue su camino.

«A donde miren los ojos
sólo divisan pantanos.
No cantan los petirrojos
y se alzan robles enanos.
 Nosotros somos soldados,
 con nuestros picos alzados
 marchamos hacia el pantano.»

EL ESTUDIOSO DE LA BIBLIA. ¿Por qué seguís peleándoos?
DIEVENBACH. No te ocupes de eso, estudioso de la Biblia, porque no lo comprenderías. *Señalando a Brühl:* El partido de éste votó ayer en el Reichstag a favor de la política exterior de Hitler. Y éste *–señala a Lohmann–* cree que la política exterior de Hitler significa la guerra.
BRÜHL. No, si participamos nosotros.
LOHMANN. Con vuestra participación hubo ya una guerra.
BRÜHL. Militarmente, Alemania es demasiado débil.
LOHMANN. Bueno, a Hitler le disteis de dote un acorazado.
EL ESTUDIOSO DE LA BIBLIA, *a Dievenbach:* ¿Qué eras tú? ¿Socialdemócrata o comunista?
DIEVENBACH. Me mantuve al margen.
LOHMANN. Ahora estás metido de lleno, y de hecho en un campo de concentración.
EL ESTUDIOSO DE LA BIBLIA. ¡Cuidado!

Aparece otra vez el hombre de la SA. Los observa. Brühl comienza a cantar despacio la segunda estrofa de «Soldados del pantano». El hombre de la SA sigue su camino.

> «Van y vienen centinelas
> y nadie podrá escapar.
> No hay huida si no vuelas.
> Cuatro muros que saltar.
>   Nosotros somos soldados,
>   con nuestros picos alzados
>   marchamos hacia el pantano.»

LOHMANN, *tirando la pala:* Si pienso que estoy aquí porque os negasteis a formar un frente unitario, podría aplastarte el cráneo.

BRÜHL. ¡Ajá! «Si no quiero ser tu hermano, tú me sentarás la mano», ¿no? ¡Frente unitario! Pajarito, te conozco: ¡eso os hubiera gustado, tomarnos el pelo!

LOHMANN. Claro, ¡preferís que os tome el pelo Hitler! ¡Traidores al pueblo!

BRÜHL *coge furioso su pala y la levanta contra Lohmann, que ha cogido la suya al mismo tiempo:* Te voy a enseñar a ti.

EL ESTUDIOSO DE LA BIBLIA. ¡Cuidado!

Empieza a cantar apresuradamente la última estrofa de «Soldados del pantano».
Vuelve a aparecer el hombre de la SA, y los otros cantan también, mientras siguen mezclando el cemento.

> «Pero no nos quejaremos,
> el invierno acabará
> y algún día exclamaremos
> ¡patria, eres mía ya!

> Y aunque seamos soldados
> con nuestros picos alzados
> no iremos ya hacia el pantano.»

EL HOMBRE DE LA SA. ¿Quién ha gritado «traidores del pueblo»?

Nadie responde.

Nunca aprenderéis. *A Lohmann:* ¿Quién?

Lohmann mira fijamente a Brühl y guarda silencio.

A Dievenbach: ¿Quién?

El estudioso de la Biblia guarda silencio.

A Brühl: ¿Quién?

Brühl guarda silencio.

Os voy a dar cinco segundos, y luego os meteré en la casamata hasta que os pudráis.

Aguarda cinco segundos. Todos permanecen callados, mirando ante sí.

A la casamata.

5

AL SERVICIO DEL PUEBLO

> Aquí están ya los guardianes,
> los soplones y rufianes
> sirviendo al pueblo con celo.
> Los que oprimen y trituran,
> los que azotan y torturan
> con el máximo desvelo.

Campo de concentración de Oranienburg, 1934. Un pequeño patio entre las paredes de las barracas. Antes de que se ilumine la escena, se oyen latigazos. Luego se ve a un hombre de la SA azotando a un detenido. Al fondo está un jefe de grupo de la SA, fumando, de espaldas a la escena. Luego sale.

EL HOMBRE de la SA, *cansado, se sienta en un tonel:* Sigue trabajando.

El detenido se levanta del suelo y comienza a limpiar las letrinas con movimientos nerviosos.

¿Por qué no puedes decir que no, so cerdo, cuando te preguntan si eres comunista? A ti te dan una paliza y yo me pierdo la salida, hecho polvo como estoy. ¿Por qué no se lo encargan a Klapproth? A él le divierte. Si ese chulo de putas vuelve a aparecer –*escucha*–, coges el látigo y te pones a dar golpes en el suelo, ¿entendido?

EL DETENIDO. Sí, jefe.
EL HOMBRE DE LA SA. ¡Cuidado!

Fuera se oyen pasos, y el hombre de la SA señala el látigo. El detenido lo coge y da latigazos en el suelo. Como el ruido no suena auténtico, el hombre de la SA señala perezosamente un cesto que hay al lado, y el detenido empieza a golpear en él. Los pasos de fuera se detienen. El hombre de la SA, nervioso, se levanta rápidamente y azota al detenido.

EL DETENIDO, *en voz baja:* En el vientre no.

El hombre de la SA le azota el trasero. El jefe de grupo de la SA se asoma.

EL JEFE DE GRUPO DE LA SA. Dale en el vientre.

El hombre de la SA azota al detenido en el vientre.

6

LA BÚSQUEDA DEL DERECHO

> Luego vinieron los jueces
> y les dijeron mil veces:
> justo es, si al pueblo aprovecha.
> Dijeron: ¿cómo sabremos?
> Así juzgar los veremos
> a todos bajo sospecha.

Augsburgo, 1934. Sala de deliberaciones de un Palacio de Justicia. Se ve por la ventana una lechosa mañana de enero. Todavía arde una lámpara de gas redonda. El juez se está poniendo la toga. Llaman a la puerta.

EL JUEZ. ¡Adelante!

Entra el inspector de lo criminal.

EL INSPECTOR. Buenos días, señor juez.
EL JUEZ. Buenos días, señor Tallinger. Le he pedido que viniera por el juicio Häberle, Schünt y Gaunitzer. El caso, francamente, no me resulta claro.
EL INSPECTOR. ¿ ?
EL JUEZ. Por el expediente he deducido que la tienda en que ocurrió el altercado, la joyería Arndt, es judía, ¿no?
EL INSPECTOR. ¿ ?
EL JUEZ. ¿Y Häberle, Schünt y Gaunitzer siguen siendo miembros de la Sección de Asalto número siete?

El inspector asiente con la cabeza.

EL JUEZ. ¿Es decir, que la Sección no encontró motivo para sancionarlos?

El inspector niega con la cabeza.

EL JUEZ. Sin embargo, es de suponer que, después del escándalo que se produjo en el barrio, la Sección investigó.

El inspector se encoge de hombros.

EL JUEZ. Le quedaría muy agradecido, Tallinger, si antes de la vista me hiciera un pequeño resumen.

EL INSPECTOR, *mecánicamente:* El 2 de diciembre del pasado año, a las ocho y cuarto de la mañana, los miembros de la SA Häberle, Schünt y Gaunitzer penetraron en la joyería Arndt de la Schlettowstrasse y, tras un altercado verbal, hirieron al joyero Arndt, de cincuenta y cuatro años de edad, en la nuca. Se produjeron daños materiales por valor de once mil doscientos treinta y cuatro marcos. Las investigaciones de la policía, iniciadas el 7 de diciembre del pasado año, revelaron que...

EL JUEZ. Mi querido Tallinger, todo eso está en el expediente. *Muestra irritado el escrito de acusación, que es sólo de una página.* Este escrito de acusación es el más flojo y chapucero que he visto en mi vida, y en los últimos meses he visto muchos. Pero todo eso está ahí. Esperaba que me pudiera decir algo del trasfondo del caso.

EL INSPECTOR. Por supuesto, señor juez.

EL JUEZ. ¿Entonces?

EL INSPECTOR. En realidad, el caso no tiene ningún trasfondo.

EL JUEZ. No me querrá decir, Tallinger, que está claro.

EL INSPECTOR, *sonriendo:* No, no está claro.

EL JUEZ. Al parecer, desaparecieron también joyas durante la disputa. ¿Se han encontrado?

EL INSPECTOR. No que yo sepa.

EL JUEZ. ¿ ?

EL INSPECTOR. Señor juez, tengo familia.

EL JUEZ. Yo también, Tallinger.
EL INSPECTOR. Por supuesto.

Pausa.

El caso es que ese Arndt es judío, ¿sabe?
EL JUEZ. Como su nombre indica.
EL INSPECTOR. Por supuesto. En el barrio se corrió la voz durante cierto tiempo de que debía tratarse incluso de un caso de relaciones sexuales interraciales.
EL JUEZ, *viendo algo de luz:* ¡Ajá! ¿Y quién estaba mezclado?
EL INSPECTOR. La hija de Arndt. Tiene diecinueve años y dicen que es bonita.
EL JUEZ. ¿Investigaron el caso las autoridades?
EL INSPECTOR, *reservado:* Eso no. El rumor volvió a acallarse.
EL JUEZ. ¿Quién lo propaló?
EL INSPECTOR. El dueño de la casa. Un tal señor Von Miehl.
EL JUEZ. ¿Sin duda quería que ese negocio judío desapareciera de su casa?
EL INSPECTOR. Eso pensamos. Pero, al parecer, se retractó otra vez.
EL JUEZ. Sin embargo, en definitiva podría explicarse así por qué había en el barrio cierto encono contra Arndt. De forma que los jóvenes actuaron con una especie de exaltación patriótica...
EL INSPECTOR, *resuelto:* No lo creo, señor juez.
EL JUEZ. ¿Qué es lo que no cree?
EL INSPECTOR. Que Häberle, Schünt y Gaunitzer quieran insistir mucho en lo de las relaciones sexuales interraciales.

EL JUEZ. ¿Por qué no?

EL INSPECTOR. El nombre del ario de que se trata, como le he dicho, nunca se mencionó en el expediente. Ese hombre puede ser Dios sabe quién. Podría estar en cualquier sitio donde hubiera un montón de arios, ¿no? ¿Y dónde hay un montón de arios? En pocas palabras, la Sección de Asalto no desea que eso salga a relucir.

EL JUEZ, *impaciente:* Entonces, ¿para qué me lo cuenta?

EL INSPECTOR. Porque me dijo que tenía familia. Para que no lo saque a relucir usted. Al fin y al cabo, cualquier testigo de la vecindad podría empezar con eso.

EL JUEZ. Comprendo. Pero por lo demás no comprendo mucho.

EL INSPECTOR. Cuanto menos comprenda, tanto mejor, dicho sea entre nosotros.

EL JUEZ. Eso es fácil de decir. Pero yo tengo que dictar una sentencia.

EL INSPECTOR, *vagamente:* Claro, claro.

EL JUEZ. Entonces sólo queda la posibilidad de una provocación por parte de Arndt, porque de otro modo el incidente es incomprensible.

EL INSPECTOR. Estoy completamente de acuerdo, señor juez.

EL JUEZ. ¿Cómo fueron provocados los de la SA?

EL INSPECTOR. Según su declaración, tanto por el propio Arndt como por un desocupado contratado para quitar la nieve. Al parecer, ellos querían tomarse un vaso de cerveza y, al pasar por delante de la tienda, tanto el desocupado Wagner como el propio Arndt les gritaron soeces insultos desde la puerta.

EL JUEZ. ¿No tienen testigos, verdad?

EL INSPECTOR. Los tienen. El propietario, ese Von Miehl, declaró que, desde la ventana, vio a Wagner provocar a los de la SA. Y el socio de Arndt, un tal Stau, estuvo esa misma tarde en la sede de la Sección y reconoció en presencia de Häberle, Schünt y Gaunitzer que Arndt, incluso delante de él, hablaba siempre con desprecio de la SA.

EL JUEZ. Ah, ¿Arndt tiene un socio? ¿Ario?

EL INSPECTOR. Claro que ario. ¿Cree que iba a utilizar de testaferro a un judío?

EL JUEZ. Pero su socio no declarará contra él.

EL INSPECTOR, *con astucia:* Quizá sí.

EL JUEZ, *irritado:* ¿Por qué? Si se prueba que Arndt provocó la agresión de Häberle, Schünt y Gaunitzer, los del negocio no podrán presentar una demanda de daños y perjuicios.

EL INSPECTOR. ¿Y de dónde saca que Stau tiene algún interés en esa demanda?

EL JUEZ. Eso no lo entiendo. Al fin y al cabo, es socio.

EL INSPECTOR. Pues por eso.

EL JUEZ. ¿ ?

EL INSPECTOR. Hemos podido comprobar –naturalmente bajo cuerda, eso no es oficial– que Stau entra y sale como quiere en la sede de la Sección. Fue miembro de la SA o lo es aún. Por eso, probablemente, Arndt lo tomó como socio. Stau estuvo ya implicado en un asunto así, en el que los de la SA hicieron una visita a alguien. En aquella ocasión tropezaron con la persona equivocada y costó mucho trabajo dar carpetazo al asunto. Naturalmente, no quiero decir que el propio

Stau, en este caso... De todas formas, no es un tipo inofensivo. Le ruego que considere esto totalmente confidencial, ya que antes ha hablado de su familia.

EL JUEZ, *asintiendo:* Lo que no veo es qué interés puede tener el señor Stau en que su negocio sufra daños por valor de más de once mil marcos.

EL INSPECTOR. Sí, las joyas desaparecieron. Quiero decir que, en cualquier caso, Häberle, Schünt y Gaunitzer no las tienen. Tampoco las han vendido.

EL JUEZ. Ah.

EL INSPECTOR. Naturalmente, si se prueba que Arndt tuvo una actitud provocadora, no se podrá exigir de Stau que lo conserve como socio. Y la pérdida sufrida, naturalmente, tendría que indemnizársela Stau, ¿está claro?

EL JUEZ. Sí, eso en cualquier caso está muy claro. *Contempla un instante pensativo al inspector, que lo mira otra vez sin expresión, de una forma totalmente oficial.* Sin duda se sacará en limpio que Arndt provocó a los de la SA. El hombre, al parecer, se ha hecho impopular en todas partes. ¿No dijo usted que, por las escandalosas circunstancias de su familia, dio lugar a una denuncia del propietario? Sí, sí, ya sé que no hay que sacar a relucir eso, pero de todas formas se puede suponer que también por esa parte se vería con agrado que se hiciera pronto un desalojo. Se lo agradezco, Tallinger, realmente me ha prestado un servicio.

El juez da al inspector un puro. El inspector sale. Se encuentra en el umbral con el fiscal, que entra en ese momento.

EL FISCAL, *al juez:* ¿Puedo hablarle un momento?
EL JUEZ, *que está pelando una manzana de desayuno:* Puede.
EL FISCAL. Se trata del caso Häberle, Schünt y Gaunitzer.
EL JUEZ, *ocupado:* ¿Sí?
EL FISCAL. El caso está bastante claro...
EL JUEZ. Sí. Francamente, no comprendo por qué la Fiscalía inició unas actuaciones.
EL FISCAL. ¿Cómo? El caso provocó en el barrio una lamentable expectación. Hasta los dirigentes del Partido consideraron adecuada su investigación.
EL JUEZ. Yo sólo veo un caso claro de provocación judía y nada más.
EL FISCAL. ¡Qué disparate, Goll! No crea que nuestros escritos de acusación, porque parezcan ahora un tanto lacónicos, no merecen mayor atención. Ya me había imaginado que, con toda ingenuidad, se inclinaría usted por la primera solución. Pero no cometa una equivocación. Se encontraría en los confines de la Pomerania antes de lo que se imagina. Y allí no se está muy cómodo ahora.
EL JUEZ, *perplejo, deja de comerse la manzana:* No lo entiendo en absoluto. ¿No querrá decir que tiene la intención de exculpar al judío Arndt?
EL FISCAL, *con fuerza:* ¡Claro que la tengo! Ese hombre no tenía intención de provocar. ¿Cree usted que, porque sea judío, no puede encontrar justicia ante un tribunal del Tercer Reich? Expone usted unas opiniones muy peculiares, Goll.
EL JUEZ, *furioso:* No he expuesto ninguna opinión. Sólo tenía la convicción de que Häberle, Schünt y Gaunitzer fueron provocados.

EL FISCAL. Pero no por Arndt, sino por el desempleado, cómo se llama, que limpiaba la nieve... sí: Wagner.

EL JUEZ. En su escrito de acusación no dice una palabra de eso, mi querido Spitz.

EL FISCAL. Claro que no. La Fiscalía sólo supo que hombres de la SA habían agredido a Arndt. Y usted procedió como debía. Pero si el testigo Von Miehl, por ejemplo, declara en el juicio que Arndt no estaba siquiera en la calle en el momento del incidente, y en cambio el desempleado, vaya, cómo se llama, sí, Wagner injurió en voz alta a los de la SA, habrá que tomarlo en consideración.

EL JUEZ, *cayendo de las nubes:* ¿Eso declarará Von Miehl? Pero si es el propietario de la casa y quiere echar de ella a Arndt... No declarará a su favor.

EL FISCAL. ¿Qué tiene ahora contra Von Miehl? ¿Por qué no va a decir la verdad bajo juramento? Quizá no sepa usted que Von Miehl, además de ser miembro de las SA, tiene buenas relaciones en el Ministerio de Justicia. Le aconsejaría que lo considerase un hombre decente, mi querido Goll.

EL JUEZ. Es lo que hago. En definitiva, hoy no se puede considerar indecente a quien se niega a tener en su casa un negocio judío.

EL FISCAL, *generoso:* Mientras el hombre pague su alquiler...

EL JUEZ, *diplomáticamente:* Al parecer, ya lo denunció otra vez por otro asunto...

EL FISCAL. Ah, lo sabía usted. Pero ¿quién le dice que con ello quería desalojarlo? Tanto más cuanto que la denuncia fue hoy retirada... Eso haría pensar más bien

en un buen acuerdo, ¿no? Mi querido Goll, no sea ingenuo.
EL JUEZ, *ahora realmente furioso:* Mi querido Spitz, las cosas no son tan sencillas. El propio socio, del que pensaba que lo protegería, va a acusarlo, y el propietario de la casa, que lo acusó, va a protegerlo. Eso no se entiende.
EL FISCAL. ¿Para qué nos pagan nuestro sueldo?
EL JUEZ. Es un asunto espantosamente complicado. ¿Quiere un puro?

El fiscal coge un puro, y fuman en silencio. Luego, el juez empieza a reflexionar, sombrío.

Si ante el tribunal se demuestra que no hubo provocación, que Arndt no provocó, podrá presentar enseguida una demanda por daños y perjuicios contra la SA.
EL FISCAL. En primer lugar, no podría demandar a la SA sino, todo lo más, a Häberle, Schünt y Gaunitzer, que no tienen nada, si es que no quiere demandar a ese desocupado, cómo se llama... eso es, Wagner. *Con énfasis:* En segundo lugar, se lo pensaría un poco antes de presentar una demanda contra miembros de la SA.
EL JUEZ. ¿Dónde está ahora?
EL FISCAL. En el hospital.
EL JUEZ. ¿Y Wagner?
EL FISCAL. En un campo de concentración.
EL JUEZ, *tranquilizándose un tanto:* Bueno, en vista de las circunstancias, Arndt, realmente, no tendrá mucho interés en demandar a la SA. Y Wagner tampoco querrá

insistir mucho en su inocencia. Pero la Sección no se quedará nada contenta si el judío es absuelto.

EL FISCAL. La SA demostrará ante el tribunal que fue provocada. Si lo fue por el judío o por el marxista les dará igual.

EL JUEZ, *dudando aún:* No del todo. Al fin y al cabo, en el altercado entre el desempleado Wagner y la SA se causaron daños a la joyería. Alguna responsabilidad tendrá la Sección.

EL FISCAL. Bueno, no se puede tener todo. No podrá usted ser justo con todo el mundo. Y con quién debe serlo se lo dirá su sentimiento patriótico, mi querido Goll. Lo único que puedo asegurarle es que, en los círculos nacionalistas, y hablo también de cargos muy altos de las SS, se espera precisamente un poco más de firmeza de la judicatura alemana.

EL JUEZ, *suspirando profundamente:* En cualquier caso, hacer justicia no es hoy tan sencillo, mi querido Spitz. Eso tendrá que reconocerlo.

EL FISCAL. De buena gana. Pero hay una frase magnífica de nuestro Comisario de Justicia a la que puede atenerse: Justicia es lo que aprovecha al pueblo alemán.

EL JUEZ, *sin ningún entusiasmo:* Sí, sí.

EL FISCAL. Sobre todo, no tenga miedo. *Se levanta.* Ahora conoce el trasfondo. No debería resultarle tan difícil. Hasta luego, mi querido Goll.

Sale. El juez está muy descontento. Se queda un rato junto a la ventana. Luego hojea distraído el expediente. Al terminar hace sonar un timbre. Entra un ujier.

EL JUEZ. Vaya a la sala de testigos a buscar al inspector de policía Tallinger. Hágalo discretamente.

Sale el ujier. Vuelve a entrar el inspector.

Tallinger, con su consejo de considerar el asunto como una provocación de Arndt, me hubiera metido en un buen lío. Al parecer, el señor Von Miehl está dispuesto a declarar bajo juramento que fue el desocupado Wagner el autor de la provocación y no Arndt.

EL INSPECTOR, *impenetrable:* Sí, eso dicen, señor juez.

EL JUEZ. ¿Qué quiere decir con «eso dicen»?

EL INSPECTOR. Que los insultos los profirió Wagner.

EL JUEZ. ¿Y no es verdad?

EL INSPECTOR, *molesto:* Señor juez, sea verdad o no, no podemos...

EL JUEZ, *con firmeza:* Óigame bien. Está usted en un Palacio de Justicia alemán. ¿Ha confesado Wagner o no?

EL INSPECTOR. Señor juez, yo no estuve en el campo de concentración, si es eso lo que quiere saber. En las actas de la investigación hecha por el comisario –al parecer, Wagner estaba enfermo de los riñones– se dice que confesó. Sólo que...

EL JUEZ. ¡O sea, que confesó! ¿Qué quiere decir ese «sólo que»?

EL INSPECTOR. Estuvo en la guerra y tiene una bala incrustada en la garganta, y como declaró Stau, ya sabe, el socio de Arndt, no puede alzar la voz. Cómo pudo entonces Von Miehl, desde el primer piso, oírle gritar insultos no resulta del todo...

EL JUEZ. Bueno, entonces dirán que, para ser un Götz de Berlichingen[1], no hace falta mucha voz. Se puede hablar también con simples gestos. Tengo la impresión de que la Fiscalía quiere dejar a la SA una salida así. Mejor dicho, esa salida y nada más.
EL INSPECTOR. Por supuesto, señor juez.
EL JUEZ. ¿Qué dice Arndt?
EL INSPECTOR. Que no estaba allí y que la herida de la cabeza se la produjo al caer por la escalera. No se le puede sacar nada más.
EL JUEZ. Probablemente ese hombre es por completo inocente y pinta lo mismo que Poncio Pilato en el Credo.
EL INSPECTOR, *resignado:* Por supuesto, señor juez.
EL JUEZ. No diga siempre «por supuesto» como un cascanueces.
EL INSPECTOR. Por supuesto, señor juez.
EL JUEZ. ¿Qué es lo que quiere decir realmente? No me guarde rencor, Tallinger. Tiene que comprender que estoy un poco nervioso. Sé que es usted un hombre honrado y, si me dio un consejo, debió de ser por algo, ¿no?
EL INSPECTOR, *bondadoso como es, hace un esfuerzo:* ¿No ha pensado que el segundo fiscal podía querer sencillamente su puesto, el de usted, y lo engañó por eso? Eso ocurre ahora mucho... Supongamos, señor juez, que usted declara la inocencia del judío. Dice que no provocó lo más mínimo. Que ni siquiera estaba allí. Le hicieron la herida en la nuca por pura casualidad, en una reyerta de otras personas. Entonces, al cabo de al-

---

1. Personaje teatral de Goethe, autor de una frase malsonante. *(N. del T.)*

gún tiempo, vuelve a su tienda. Stau no puede impedírselo. Y su negocio ha sufrido daños por valor de once mil marcos. Sin embargo, son unos daños en los que participa Stau, que no podrá reclamar esos once mil marcos a Arndt. Por consiguiente, Stau, por lo que sé de él, reclamará a la Sección sus joyas. Naturalmente, no lo hará por sí mismo porque, como cómplice de un judío, sirve a los judíos. Pero habrá gente que lo haga por él. Entonces dirán que la SA, por celo patriótico, roba joyas. Lo que la Sección pensará entonces de su sentencia se lo puede imaginar. Y el hombre de la calle tampoco lo entenderá. Porque ¿cómo es posible que, en el Tercer Reich, un judío tenga razón frente a la SA?

Desde hace un rato se oye ruido al fondo. Ahora se hace bastante fuerte.

EL JUEZ. ¿Qué es ese ruido horrible? Un momento, Tallinger. *Llama y entra el ujier.* ¿Qué es ese alboroto, oiga?
EL UJIER. La sala está repleta. Y ahora están tan apretados en los pasillos que no puede pasar ya nadie. Y entre ellos hay algunos de la SA que dicen que tienen que pasar porque tienen orden de presenciar el juicio.

Sale el ujier, porque el juez se ha limitado a mirarlo espantado.

EL INSPECTOR, *continuando:* No podrá librarse de esa gente, ¿sabe? Le aconsejo que se ocupe de Arndt y deje en paz a los de la SA.

EL JUEZ *se sienta destrozado, con la cabeza en la mano. Fatigosamente:* Está bien, Tallinger. Tengo que reflexionar en el asunto.
EL INSPECTOR. Tiene que hacerlo, señor juez.

Sale. El juez se levanta pesadamente y toca a rebato. Entra el ujier.

EL JUEZ. Vaya al señor Fey, magistrado de la Audiencia, y dígale que le ruego que venga un minuto.

Sale el ujier. Entra la criada del juez con una bolsa de desayuno.

LA CRIADA. Un día se va a olvidar usted la cabeza, señor juez. Es horrible. ¿Qué ha vuelto a olvidarse hoy? Piénselo: ¡lo más importante! *Le tiende la bolsa.* ¡La bolsa del desayuno! Luego tendrá que ir a comprar *brezel* calientes aún, y otra vez, como la semana pasada, tendrá dolor de estómago. Es que no se cuida.
EL JUEZ. Está bien, Marie.
LA CRIADA. Por poco no me dejan pasar. Todo el Palacio de Justicia está lleno de hombres de la SA, por ese proceso. Pero hoy les van a dar lo suyo, ¿verdad, señor juez? En la carnicería la gente decía: ¡menos mal que todavía hay Justicia! ¡Dar una paliza así a un comerciante! En esa Sección, la mitad eran antes delincuentes, lo sabe todo el barrio. Si no fuera por los jueces se llevarían hasta las torres de la catedral. Lo hicieron por los anillos; uno, ese Häberle, tiene una novia que hacía la calle hasta hace seis meses. Y al desempleado Wag-

ner, que tiene una bala en la garganta, lo golpearon mientras limpiaba la nieve, todos lo vieron. Actúan abiertamente y aterrorizan al barrio, y a los que se atreven a decir algo los esperan y, a golpes, los dejan tendidos en el suelo.
EL JUEZ. Está bien, Marie. ¡Ahora váyase!
LA CRIADA. Yo he dicho en la carnicería que el señor juez les daría lo que es bueno, ¿no tenía razón? A las personas decentes las tiene usted de su parte, puede estar seguro, señor juez. Pero no se tome el desayuno demasiado deprisa, que podría hacerle daño. Es tan malo para la salud, y ahora me voy y no lo detengo más, que lo esperan en la vista, y no se ponga nervioso en la vista, es mejor que coma primero, por el par de minutos que necesita para comer no va a pasar nada, y no coma con el estómago revuelto. Porque tiene que cuidarse, la salud es el mayor bien, pero ahora me voy, usted sabe lo que se hace y ya veo que está impaciente por irse a la vista, y yo tengo que ir ahora a los ultramarinos.

Sale la criada. Entra Fey, magistrado de la Audiencia, un señor de edad, amigo del juez.

EL MAGISTRADO. ¿Qué ocurre?
EL JUEZ. Quisiera hablar de una cosa contigo, si tienes un momento. Esta mañana tengo un caso bastante horrible.
EL MAGISTRADO, *sentándose:* Sí, el caso de la SA.
EL JUEZ, *deteniéndose en sus idas y venidas:* ¿Cómo lo sabes?
EL MAGISTRADO. Lo comentaba ayer por la tarde. Un caso desagradable.

El juez vuelve a pasear nervioso de un lado a otro.

EL JUEZ. ¿Qué decían?
EL MAGISTRADO. Nadie te envidia. *Curioso:* ¿Qué vas a hacer?
EL JUEZ. Eso es lo que no sé. Pero no pensaba que el caso fuera ya tan conocido.
EL MAGISTRADO, *asombrado:* ¿No?
EL JUEZ. Parece que ese socio es un tipo muy peligroso.
EL MAGISTRADO. Eso dicen. Pero ese Von Miehl tampoco es un bienhechor de la Humanidad.
EL JUEZ. ¿Se sabe algo de él?
EL MAGISTRADO. Lo bastante. Tiene relaciones.

Pausa.

EL JUEZ. ¿De muy alto nivel?
EL MAGISTRADO. De muy alto nivel.

Pausa.

Con cautela: Si dejaras fuera al judío y absuelves a Häberle, Schünt y Gaunitzer por haber sido provocados por el desocupado, que se refugió en la tienda, la SA se daría por contenta, ¿no? En cualquier caso, Arndt no demandará a la SA.
EL JUEZ, *preocupado:* Pero el socio de Arndt sí. Irá a la SA y reclamará sus objetos de valor. Y entonces tendré encima a toda la dirección de la SA, Fey.
EL MAGISTRADO, *después de pensar en ese argumento, que lo ha sorprendido al parecer:* Pero si no dejas fuera

al judío, ese Von Miehl con toda seguridad te romperá el cuello por lo menos. ¿No sabes que Arndt tiene en el banco pagarés de Von Miehl? Necesita a Arndt como el que se está ahogando necesita una brizna de paja.

EL JUEZ, *espantado:* ¡Pagarés!

Llaman a la puerta.

EL MAGISTRADO. ¡Adelante!

Entra el ujier.

EL UJIER. Señor juez, realmente no sé cómo reservar asientos para el señor fiscal general y el señor presidente de la Audiencia Schönling. Si me lo hubieran dicho a tiempo...

EL MAGISTRADO, *dado que el juez guarda silencio:* Desocupe dos asientos y no nos moleste.

EL JUEZ. ¡Eso es lo que me faltaba!

EL MAGISTRADO. Von Miehl no puede en ningún caso entregar a Arndt y dejar que se hunda. Lo necesita.

EL JUEZ, *hundido:* Para exprimirlo.

EL MAGISTRADO. Yo no he dicho eso, mi querido Goll. Tampoco puedo comprender realmente cómo puedes atribuirme algo así. Quisiera dejar en claro que no he pronunciado ni una sola palabra contra el señor Von Miehl. Siento que sea necesario decirlo, Goll.

EL JUEZ, *nervioso:* No puedes tomarte las cosas así, Fey. Cuando tú y yo estamos tan unidos.

EL MAGISTRADO. ¿Qué quieres decir con eso de que «tú y yo estamos tan unidos»? No puedo inmiscuirme en tus asuntos. Si quieres ponerte de parte de la policía criminal o de la SA, tendrás que hacerlo solo. Al fin y al cabo, es hoy cada uno el mejor consejero de sí mismo.
EL JUEZ. Yo también soy mi mejor consejero. Lo que pasa es que no sé qué consejo darme.

Está de pie junto a la puerta, escuchando el alboroto de fuera.

EL MAGISTRADO. Mala cosa.
EL JUEZ, *agotado:* Yo estoy dispuesto a todo, Dios Santo, ¡compréndeme! Tú has cambiado mucho. Resolveré esto o aquello, lo que quieran, pero tengo que saber lo que quieren. Si no se puede saber, es que no hay ya Justicia.
EL MAGISTRADO. Yo no gritaría que no hay Justicia, Goll.
EL JUEZ. ¿Qué he dicho? No quería decir eso. Sólo quería decir que cuando hay tales contradicciones...
EL MAGISTRADO. En el Tercer Reich no hay contradicciones.
EL JUEZ. No, naturalmente. Yo no he dicho otra cosa. No analices cada palabra.
EL MAGISTRADO. ¿Por qué no? Soy juez.
EL JUEZ, *sudando:* ¡Si hubiera que analizar cada palabra de los jueces, mi querido Fey! Yo estoy dispuesto a examinarlo todo de la forma más cuidadosa y concienzuda, ¡pero tienen que decirme qué resolución convendría a los intereses superiores! Si dejo al judío en su

tienda, contrariaré naturalmente al propietario de la casa... no, al socio, ya no sé lo que me digo... y si la provocación partió del desempleado, entonces el propietario... cómo se llama, Von Miehl querrá que... No me pueden mandar a los confines de Pomerania, tengo una hernia y no quiero tener nada que ver con la SA... ¡Al fin y al cabo tengo familia, Fey! ¡A mi mujer le resulta muy fácil decir que, sencillamente, tengo que averiguar lo que realmente ocurrió! Si lo hiciera, lo mejor que me pasaría sería despertarme en un hospital. ¿Hablaré de la agresión? Hablaré de la provocación. Entonces, ¿qué quieren? Es evidente que no condenaré a la SA sino al judío o al desempleado, ¿pero a cuál de los dos condenar? ¿Cómo voy a elegir entre el desempleado y el judío, o sea, entre el socio y el propietario? A Pomerania no iré en ningún caso, ni hablar, ¡prefiero un campo de concentración, Fey! ¡No me mires así! ¡No soy el acusado! ¡Estoy dispuesto a lo que sea!

EL MAGISTRADO, *que se ha levantado:* Estar dispuesto no lo es todo, querido amigo.

EL JUEZ. Pues entonces, ¿cómo voy a juzgar?

EL MAGISTRADO. En general, eso se lo dice al juez su conciencia, señor Goll. ¡No lo olvide! Ha sido un honor.

EL JUEZ. Sí, naturalmente. Según su leal saber y entender. Pero en este caso, ¿qué debo elegir? ¿Qué, Fey?

Sale el magistrado. El juez lo sigue con la vista sin decir palabra. Suena el teléfono.

EL JUEZ, *cogiendo el teléfono:* ¿Sí?... ¿Emmi?... ¿Se han excusado de ir adónde? ¿A la bolera?... ¿Quién llamó? ¿El pasante Priesnitz?... ¿Y cómo lo sabe ya?... ¿Qué quiere decir con eso? Tengo que dictar una sentencia.

Cuelga. Entra el ujier. Se oye fuertemente el alboroto de los pasillos.

EL UJIER. Häberle, Schünt y Gaunitzer, señor juez.
EL JUEZ, *buscando sus actas:* Enseguida.
EL UJIER. Senté al señor presidente de la Audiencia en la mesa de la prensa. Se quedó muy satisfecho. Pero el señor fiscal general se negó a sentarse con los testigos. Quería sentarse en la mesa del tribunal. ¡Y entonces usted hubiera tenido que dirigir el juicio desde el banquillo de los acusados, señor juez! *Se ríe tontamente de su propio chiste.*
EL JUEZ. Eso no lo haré nunca.
EL UJIER. Por aquí, señor juez. Pero, ¿dónde ha puesto la carpeta de la acusación?
EL JUEZ, *totalmente confuso:* Sí, la necesito. Si no, no sabré quién es el acusado, ¿eh? ¿Qué vamos a hacer con el fiscal general?
EL UJIER. Eso que se lleva ahora es la guía de teléfonos, señor juez. Aquí tiene su cartera.

Se la mete al juez bajo el brazo. El juez sale fuera desconcertado, secándose el sudor.

7

LA ENFERMEDAD PROFESIONAL

>Aquí llegan los doctores
>del Estado servidores
>y se les paga a destajo.
>Lo que les manda el verdugo
>lo cosen por un mendrugo:
>y ése es todo su trabajo.

Berlín, 1934. Sala del Hospital de la Caridad. Han traído a un nuevo enfermo. La monja está escribiendo su nombre en la pizarra situada a su cabecera. Dos enfermos de las camas de al lado hablan.

UN ENFERMO. ¿Quién es ése?
EL OTRO. Lo he visto ya en la sala de curas. Yo esperaba junto a su camilla. Todavía estaba consciente pero no me contestó cuando le pregunté qué le pasaba. Tiene todo el cuerpo hecho una llaga.
EL UNO. Entonces no te hacía falta preguntarle.
EL OTRO. No lo vi hasta que lo curaron.
UNA DE LAS MONJAS. ¡Silencio, el profesor!

Seguido de ayudantes y monjas, entra el cirujano en la sala. Se detiene ante una de las camas y comienza su clase.

EL CIRUJANO. Señores, he aquí un caso muy hermoso que les muestra que, sin preguntas e investigaciones siempre renovadas sobre las causas profundas de la enfermedad, la medicina se convierte en puro curanderismo. El paciente presenta todos los síntomas de una neuralgia y durante mucho tiempo fue tratado en consecuencia. En realidad, sin embargo, padece la enfermedad de Reynaud, que contrajo trabajando como obrero en aparatos de aire comprimido, es decir, una enfermedad profesional, señores. Sólo ahora lo tratamos como corresponde. Por este caso pueden ver lo erróneo que es considerar al paciente sólo como parte integrante del análisis clínico, en lugar de preguntarse de dónde viene el enfermo, dónde ha contraído su enfermedad y adónde volverá cuando haya sido tratado. ¿Qué tres cosas debe saber un buen médico? ¿Primera?

EL PRIMER AYUDANTE. Preguntar.

EL CIRUJANO. ¿Segunda?

EL SEGUNDO AYUDANTE. Preguntar.

EL CIRUJANO. ¿Y tercera?

EL TERCER AYUDANTE. ¡Preguntar, señor profesor!

EL CIRUJANO. ¡Exacto! ¡Preguntar! ¿Y preguntar sobre todo qué?

EL TERCER AYUDANTE. ¡Cuáles son las condiciones sociales, profesor!

EL CIRUJANO. Sobre todo sin temor a investigar la vida privada del paciente, que a menudo, por desgracia, es francamente triste. Cuando un ser humano se ve obligado a ejercer una profesión que a la corta o a la larga lo aniquilará físicamente, de forma que, por decirlo así, muere para no morirse de hambre, no resulta agradable oírlo, y por eso tampoco agrada preguntarlo.

Se dirige con su séquito a la cama del nuevo enfermo.

EL CIRUJANO. ¿Qué le pasa a este hombre?

La superiora le susurra algo al oído.

EL CIRUJANO. Ah.

Lo reconoce superficialmente y de evidente mala gana.

EL CIRUJANO, *dando su clase:* Contusiones en la espalda y los muslos. Herida abierta en el abdomen. ¿Algún otro síntoma?
LA SUPERIORA, *leyendo:* Sangre en la orina.
EL CIRUJANO. ¿Diagnóstico al ingreso?
LA SUPERIORA. Desgarramiento del riñón izquierdo.
EL CIRUJANO. Primero habrá que mirarlo por rayos. *Hace gesto de alejarse.*
EL TERCER AYUDANTE, *que anota el historial del enfermo:* ¿Causa de la enfermedad, profesor?
EL CIRUJANO. ¿Qué dice ahí?
LA SUPERIORA. Como causa se indica una caída por las escaleras.
EL CIRUJANO, *dando su clase:* Caída por las escaleras... ¿Por qué tiene atadas las manos?
LA SUPERIORA. El paciente se ha arrancado dos veces las vendas, profesor.
EL CIRUJANO. ¿Por qué?
EL PRIMER ENFERMO, *a media voz:* ¿De dónde viene el paciente y adónde volverá?

Todas las cabezas se vuelven hacia él.

EL CIRUJANO, *carraspeando:* Si el paciente está inquieto, denle morfina. *Se dirige a la cama siguiente.* ¿Qué, nos sentimos mejor? ¿Vamos recuperando fuerzas?

Examina el cuello del paciente.

UNO DE LOS AYUDANTES, *al otro:* Obrero. Viene de Oranienburg.
EL OTRO, *con una mueca:* O sea, otro caso de enfermedad profesional.

8

LOS FÍSICOS

> Los físicos y su electrónica
> con falsa barba teutónica
> y la mirada extraviada.
> No quieren física varia
> sino una física aria
> y debidamente autorizada.

Gotinga, 1935, Instituto de Física. Dos científicos, X e Y. Y acaba de entrar. Tiene aspecto de conspirador.
Y. ¡La tengo!
X. ¿Qué?
Y. La respuesta a las preguntas que hice a Mikowsky en París.

X. ¿Sobre las ondas gravitatorias?
Y. Sí.
X. ¿Y qué?
Y. ¿Sabes quién nos ha escrito exactamente lo que necesitábamos?
X. ¿Quién?

Y escribe un nombre en un papel y se lo alarga. Cuando X lo ha leído, Y recupera el papel, lo rompe en pedacitos y lo arroja a la estufa.

Y. Mikowsky le pasó nuestro cuestionario. Ésta es la respuesta.
X, *tendiendo la mano con avidez:* ¡Dámelo! *De pronto se detiene.* Pero si descubren que mantenemos esa correspondencia...
Y. ¡Eso no podemos hacerlo!
X. De otro modo no podremos avanzar. Dame.
Y. No podrás leerla, porque la he escrito con mi propia taquigrafía, es más seguro. Te la leeré yo.
X. ¡Ten cuidado!
Y. ¿Está el Cabeza Gorda en el laboratorio? *Señala hacia la derecha.*
X, *señalando hacia la izquierda:* No, pero está Reinhardt. Siéntate aquí.
Y, *leyendo:* Se trata de dos vectores contravariantes aleatorios, ψ y ν, y de un vector contravariante t. Con ellos se forman los componentes de un tensor mixto de segundo grado, cuya estructura es, en consecuencia

$$\Sigma^{-lr} = C_{hi}^{-1}$$

X, *que ha estado escribiendo, le hace signo de pronto de que se calle:* ¡Un momento!

Se levanta y se dirige de puntillas hacia la pared de la izquierda. Al parecer no oye nada sospechoso y vuelve. Y sigue leyendo, interrumpiéndose sin embargo de vez en cuando de forma parecida. Comprueban el teléfono, abren rápidamente la puerta, etc.

Y. En la materia incoherente, no interactiva por tensiones, $T = \mu$ es el único componente distinto de cero de la densidad de energía tensorial. Como consecuencia, se crea un campo gravitatorio cuya ecuación es, introduciendo el factor de proporcionalidad constante $8\pi\chi$:

$$\Delta \int = 4\pi\chi\mu$$

Eligiendo adecuadamente las coordenadas espaciales, la desviación de $c^2 dt^2$ es muy pequeña...

Se cierra una puerta de golpe en alguna parte y quieren esconder sus notas. Sin embargo, parece innecesario. A partir de ese momento, los dos se sumergen en el estudio y parecen olvidarse de que lo que están haciendo es peligroso.

Y, *reanudando la lectura:* Por otra parte, las masas mencionadas son muy pequeñas en comparación con la masa en reposo que engendra el campo, y por consiguiente el movimiento de los cuerpos situados en el campo gravitatorio viene dado por una curva geodésica dentro de ese campo gravitatorio estático. Como tal, cumple el principio de variación

$$\delta \int s = 0,$$

permaneciendo fijos los extremos de la curva.
X. ¿Pero qué dice Einstein de...?

Por el espanto de Y, X se da cuenta del lapsus y se queda también mudo de espanto. Y le arranca de las manos las notas escritas y se guarda todos los papeles.

Y, *muy fuerte, dirigiéndose a la pared de la izquierda:* ¡Efectivamente, es un puro sofisma judío! ¿Qué tiene que ver eso con la física?

Aliviados, vuelven a sacar sus notas y siguen trabajando en silencio, con la mayor prudencia.

9

LA MUJER JUDÍA

> Ahí vienen ¡qué pobres seres!
> les quitaron sus mujeres
> y las acoplan con arios.
> No valen jeremiadas,
> son unas degeneradas
> y no faltan voluntarios.

Terror y miseria del Tercer Reich: 9

Fráncfort, 1935. Es de noche. Una mujer está haciendo el equipaje. Elige lo que va a llevarse. De cuando en cuando vuelve a sacar algo de la maleta para meter otra cosa. Durante largo rato duda de si llevarse o no una gran fotografía de su marido que está sobre la cómoda. Por fin la deja. Se cansa de hacer el equipaje y se sienta un rato sobre una maleta, con la cabeza entre las manos. Luego se levanta y llama por teléfono.

LA MUJER. Soy Judith Keit. ¿Es usted, doctor?... Buenas noches. Le llamo sólo para decirle que tendrán que buscarse otra compañera de bridge, me voy de viaje... No por tanto tiempo, pero de todos modos serán unas semanas... Voy a Ámsterdam... Sí, dicen que la primavera es muy bonita allí... Tengo amigos... No, en plural, aunque no se lo crea... ¿Cómo se las van a arreglar para el bridge?... La verdad es que hace ya dos semanas que no jugamos... Naturalmente, también Fritz estaba resfriado. Cuando hace tanto frío no se puede jugar al bridge, ya lo dije yo también... Claro que no, doctor, ¿cómo voy a...?... Thekla tenía a su madre de visita... Lo sé... ¿Por qué iba a pensar algo así?... No, tan repentino no ha sido, es que lo iba aplazando, pero ahora... Sí, tendremos que dejar también lo del cine, muchos saludos a Thekla... ¿Por qué no lo llama algún domingo?... Bueno, ¡hasta la vista!... Sí, claro, con mucho gusto... ¡Adiós!

Cuelga y llama a otro número.

Soy Judith Keith. Quisiera hablar con la señora Schöck... Quería despedirme a toda prisa, me voy de viaje por algún tiempo... No, no me pasa nada, sólo para ver caras nuevas... Sí, quería decirte que el próximo martes Fritz tendrá al profesor para cenar, quizá podríais venir también; como te digo, yo salgo esta noche... Sí, el martes... No, sólo quería decirte que me marcho esta noche, no tiene nada que ver con eso, pero he pensado que podrías venir también... Bueno, por decirlo así, aunque yo no esté, ¿no?... Ya sé que vosotros no sois así, pero en estos tiempos revueltos todos tenemos que tener cuidado. ¿Entonces vendréis?... ¿Podrá Max? Tiene que poder, dile que el profesor vendrá también... Ahora tengo que colgar. ¡Adiós!

Cuelga y marca otro número.

¿Eres tú, Gertrud? Soy Judith. Perdona que te moleste... Gracias. Quería pedirte que cuidaras de Fritz, yo me voy por unos meses... Creo que tú, como hermana... ¿Por qué no ibas a querer?... A nadie se lo parecerá, y desde luego no a Fritz... Naturalmente, él sabe que... no nos llevamos tan bien pero... Entonces él te llamará si quieres... Sí, se lo diré... Todo está bastante ordenado, pero el piso es un poco demasiado grande... Lo que hay que hacer en su despacho lo sabe Ida, déjala hacer... Me parece muy inteligente y él está acostumbrado a ella... Y otra cosa, pero, por favor, no lo tomes a mal: a él no le gusta mucho hablar antes de la comida, ¿te acordarás? Yo siempre me contengo... No quiero discutirlo ahora, mi tren sale pronto y todavía no he terminado de hacer el equipaje, ¿sabes?... Echa una ojeada a sus trajes y recuérdale que tiene que ir al sastre, ha encargado un abrigo, y cuida de que su dormitorio esté bien caldeado, siempre duerme con la ventana abierta y hace demasiado frío... No, no creo que tenga que endurecerse, pero ahora tengo que terminar... Te lo agradezco mucho, Gertrud, y nos escribiremos a menudo... Adiós.

Cuelga y llama a otro número.

¿Anna? Soy Judith, oye, me voy... No, tengo que hacerlo ya, las cosas se están poniendo demasiado difíciles... ¡Demasiado difíciles!... Sí, no, Fritz no quiere, todavía no sabe nada, sencillamente he hecho las maletas... No creo... No creo que diga nada. Sencillamente, le resulta demasiado difícil, es evidente... De eso no hemos hablado... La verdad es que nunca hablamos de eso, ¡jamás!... No, no es que él haya cambiado, al contrario... Me gustaría que os ocuparais un poco de él, al principio... Sí, sobre todo los domingos, y convencerle para que se mude... El apartamento es demasiado grande para él... Me hubiera gustado despedirme de ti, pero ya sabes, el portero... De manera que adiós, no vayas a la estación, ¡de ningún modo!... Adiós, te escribiré... Seguro.

Cuelga pero no marca otro número. Ha estado fumando. Ahora quema la agenda en la que ha buscado los números de teléfono. Va de un lado a otro por la habitación. Luego empieza a hablar. Ensaya el pequeño discurso que piensa soltar a su marido. Se supone que él está sentado en una silla determinada.

Sí, me marcho ahora, Fritz. Tal vez haya esperado demasiado, tienes que disculparme, pero...

Se detiene, reflexiona, y vuelve a comenzar de otro modo.

Fritz, no debes retenerme, no puedes... Es evidente que te hundiría, lo sé, no eres cobarde, no tienes miedo a la policía, pero hay cosas peores. No te llevarán a un campo de concentración, pero mañana o pasado mañana no te dejarán ir a la clínica, y tú no dirás nada pero te pondrás enfermo. No quiero verte sentado aquí, hojeando revistas, y si me voy es puro egoísmo por mi parte, nada más. No digas nada...

Vuelve a interrumpirse. Comienza otra vez desde el principio.

¡No digas que no has cambiado, porque no es verdad! La semana pasada dijiste, de forma totalmente objetiva, que el porcentaje de científicos judíos no es tan alto. Siempre se empieza por la objetividad, y ¿por qué me dices ahora continuamente que nunca he sido tan nacionalista judía como ahora? Claro que lo soy. El nacionalismo se contagia. ¡Ay, Fritz, qué nos ha pasado!

Vuelve a interrumpirse. Comienza otra vez desde el principio.

No te he dicho que quería irme, que me quiero ir desde hace tiempo, porque no puedo hablar cuando te miro, Fritz. Me parece entonces tan inútil hablar... Todo está ya decidido. ¿Qué les ha pasado realmente? ¿Qué quieren realmente? ¿Qué les he hecho? Nunca me he metido en política... ¿Acaso estaba a favor de Thälmann? Soy una de esas mujeres burguesas que tienen criados y, de pronto, resulta que sólo pueden tenerlos las mujeres rubias. En los últimos tiempos he pensado a menudo que hace años me dijiste que había personas que valían y otras que valían menos, y unas tenían derecho a la insulina si padecían diabetes y otras no. ¡Y yo estaba de acuerdo, estúpida! Ahora han hecho una clasificación de ésas, y resulta que pertenezco a las que no valen nada. Me está bien empleado.

Vuelve a interrumpirse. Comienza otra vez desde el principio.

Sí, estoy haciendo las maletas. No finjas que no habías notado nada en estos últimos días. Fritz, yo lo acepto todo, salvo que en la última hora que nos queda no nos miremos a la cara. No deben conseguir eso esos mentirosos que obligan a todos a mentir. Hace diez años, cuando alguien dijo que no se notaba que yo fuera judía, tú dijiste enseguida: claro que se ve. Y eso me alegró. Aquello era evidente. Entonces, ¿por qué andarse con rodeos? Estoy haciendo el equipaje porque, si no, te quitarán el puesto de jefe de sala. Y porque en la clínica te niegan ya el saludo y porque por las noches no puedes dormir. No quiero que me digas que no me vaya. Y me doy prisa porque no quiero oírte decir que me vaya. Es una cuestión de tiempo. El carácter es una cuestión de tiempo. Sólo dura cierto tiempo, como los guantes. Los hay buenos, que duran mucho. Pero no duran eternamente. Además, no estoy enfadada. Bueno, sí, lo estoy. ¿Por qué tengo que comprenderlo todo? ¿Qué hay de malo en la forma de mi nariz o en el color de mi pelo? Tengo que marcharme de la ciudad donde nací para que no tengan que darme mi mantequilla. ¿Qué clase de hombres sois? ¡Sí, también tú! Inventáis la teoría de los cuantos y la cirugía del pulmón y os dejáis mandar por semisalvajes que os ofrecen conquistar el mundo pero no os dejan tener la mujer que queréis tener. ¡Respiración artificial, y el mejor ruso es el ruso muerto! ¡Sois monstruos o lacayos de monstruos! Sí, por mi parte es poco razonable, pero ¿de qué sirve ser razonable en un mundo así? Tú estás ahí, viendo como tu mujer hace el equipaje, y no dices nada. ¿Las paredes oyen, no? Pero vosotros no decís nada. Unos escuchan, otros guardan silencio. Maldita sea. Yo también debería guardar silencio. Si te quisiera, guardaría silencio. Y te quiero realmente. Dame esa ropa de ahí. Es una ropa interior muy seductora. La necesitaré. Tengo treinta y seis años, no son muchos, pero no puedo permitirme experimentar. En mi próximo país, las cosas tendrán que ser diferentes. El próximo hombre que tenga tendrá derecho a conservarme. Y no me digas que me mandarás dinero, porque sabes que no puedes hacerlo. Y tampoco tienes que hacer como si sólo se tratase de cuatro semanas. Esto no durará sólo cuatro semanas. Tú lo sabes y yo también. Entonces no digas: al fin y al cabo son sólo unas semanas, mientras me das el abrigo de piel que no necesitaré hasta el invierno. Y no digamos que es una desgracia. Digamos que es una vergüenza. ¡Ay Fritz!

Se interrumpe. Se oye una puerta. La mujer se arregla apresuradamente. Entra su marido.

EL MARIDO. ¿Qué haces? ¿Ordenando cosas?
LA MUJER. No.
EL MARIDO. ¿Por qué estás haciendo el equipaje?
LA MUJER. Me voy.
EL MARIDO. ¿Qué quieres decir?
LA MUJER. Ya hemos hablado alguna vez de irme por algún tiempo. Aquí no van muy bien las cosas.
EL MARIDO. Eso es absurdo.
LA MUJER. Entonces, ¿me quedo?
EL MARIDO. ¿Adónde quieres ir?
LA MUJER. A Ámsterdam. Fuera de aquí.
EL MARIDO. Pero si allí no conoces a nadie.
LA MUJER. No.
EL MARIDO. ¿Por qué quieres marcharte? Por mí, desde luego, no lo hagas.
LA MUJER. No.
EL MARIDO. Tú sabes que yo no he cambiado, ¿verdad, Judith?
LA MUJER. Sí.

Él la abraza. Permanecen mudos, de pie, en medio de las maletas.

EL MARIDO. ¿Y no hay otra razón para que quieras marcharte?

LA MUJER. Ya sabes que no.

EL MARIDO. Quizá no sea ninguna tontería. Necesitas respirar un poco. Aquí se ahoga uno. Iré a buscarte. Cuando lleve sólo dos días al otro lado de la frontera me sentiré mejor.

LA MUJER. Es lo que deberías hacer.

EL MARIDO. Esto no durará ya mucho. De alguna parte vendrá el cambio. Todo parece otra vez una infección... Es realmente una desgracia.

LA MUJER. Desde luego. ¿Has visto a Schöck?

EL MARIDO. Sí, bueno, sólo en la escalera. Creo que ya lamenta habernos hecho el vacío. Estaba francamente abochornado. A la larga, no podrán reprimir tan completamente a los que somos animales intelectuales. Tampoco podrán hacer la guerra con seres sin columna vertebral. La gente no es ya tan esquiva cuando se la encuentra uno de cara. ¿Cuándo quieres salir?

LA MUJER. A las nueve y cuarto.

EL MARIDO. ¿Y adónde quieres que te mande el dinero?

LA MUJER. Quizá a lista de correos, en Ámsterdam.

EL MARIDO. Haré que me den una autorización especial. Diablos, ¡no puedo dejar que mi mujer se vaya al extranjero con diez marcos al mes! Maldita sea. Me siento horriblemente.

LA MUJER. Venir a buscarme te sentará bien.

EL MARIDO. Y poder leer algún periódico que diga algo.

LA MUJER. He llamado a Gertrud. Cuidará de ti.

EL MARIDO. Es totalmente innecesario. Unas semanas...

LA MUJER, *que ha vuelto a empezar a hacer el equipaje:*
¿Quieres darme ese abrigo de piel?
EL MARIDO, *dándoselo:* Al fin y al cabo, sólo serán unas semanas.

10

EL CHIVATO

>Ahí llegan ya los maestros
>que deben mostrarse diestros
>marcando muy bien el paso.
>Cada alumno es un chivato
>que viene a pasar el rato
>pero le hacen mucho caso.
>
>Y luego ese niño tierno
>salido del mismo infierno
>lleva al esbirro a su hogar.
>Señala al progenitor
>diciendo que es un traidor
>y a la cárcel va a parar.

Colonia, 1935. Una tarde de domingo lluviosa. El marido, la mujer y el niño, después de comer. Entra la muchacha.

LA CRIADA. El señor y la señora Klimbtsch preguntan si los señores están en casa.
EL MARIDO, *ásperamente:* No.

Sale la muchacha.

LA MUJER. Hubieras debido ponerte al teléfono. Saben que no es posible que hayamos salido.
EL MARIDO. ¿Por qué no es posible que hayamos salido?
LA MUJER. Porque está lloviendo.
EL MARIDO. Eso no es una razón.
LA MUJER. ¿Adónde íbamos a ir? Es lo primero que se preguntarán.
EL MARIDO. Hay muchísimos sitios.
LA MUJER. Entonces, ¿por qué no salimos?
EL MARIDO. ¿Adónde vamos a ir?
LA MUJER. Si por lo menos no lloviera...
EL MARIDO. ¿Y adónde iríamos si no lloviera?
LA MUJER. Antes, por lo menos, se podía visitar a alguien.

Pausa.

Ha sido un error que no hayas cogido el teléfono. Ahora sabrán que no queremos recibirlos.
EL MARIDO. ¿Y qué si lo saben?
LA MUJER. Resulta desagradable hacerles el vacío ahora cuando precisamente todo el mundo les hace el vacío.
EL MARIDO. No les estamos haciendo el vacío.
LA MUJER. Entonces, ¿por qué no quieres que vengan?
EL MARIDO. Porque ese Klimbtsch me aburre a muerte.
LA MUJER. Antes no te aburría.
EL MARIDO. ¡Antes! ¡Me pones nervioso con esos «antes»!
LA MUJER. En cualquier caso, antes no habrías cortado con él porque la inspección de enseñanza le hubiera instruido un expediente.

EL MARIDO. ¿Quieres decir que soy un cobarde?

Pausa.

Entonces llámalos y diles que acabamos de volver por la lluvia.

La mujer sigue sentada.

LA MUJER. ¿Les decimos a los Lemke si quieren venir?
EL MARIDO. ¿Para que vuelvan a decirnos que no nos preocupamos lo suficiente de la defensa antiaérea?
LA MUJER, *al niño:* ¡Klaus-Heinrich, deja en paz la radio!

El niño se pone a leer periódicos.

EL MARIDO. Es una calamidad que hoy llueva. Pero no se puede vivir en un país en que es una calamidad que llueva.
LA MUJER. ¿Te parece sensato decir cosas así?
EL MARIDO. Entre estas cuatro paredes puedo decir lo que me parezca. No permitiré que en mi propia casa me impidan...

Se interrumpe. Entra la muchacha con el servicio de café. Guardan silencio mientras ella está allí.

EL MARIDO. ¿Por qué tenemos que tener una criada cuyo padre es el vigilante de la manzana?
LA MUJER. Creo que de eso hemos hablado ya bastante. Lo último que dijiste fue que tenía sus ventajas.

EL MARIDO. ¡Cuántas cosas he dicho! Dile algo así a tu madre y ya verás el lío en que nos metemos.

LA MUJER. Lo que yo le diga a mi madre...

Entra la criada con el café.

Déjelo, Erna. Puede irse, que ya me encargo yo.

LA CRIADA. Gracias, señora. *Sale.*

EL NIÑO, *señalando el periódico:* ¿Todos los curas hacen eso, papá?

EL MARIDO. ¿El qué?

EL NIÑO. Lo que dice aquí.

EL MARIDO. ¿Pero qué estás leyendo? *Le quita el periódico de las manos.*

EL NIÑO. Nuestro jefe de grupo dice que lo que dice ese diario lo podemos saber todos.

EL MARIDO. No me importa lo que diga tu jefe de grupo. Lo que puedes leer y lo que no puedes lo decido yo.

LA MUJER. Toma diez pfennig, Klaus-Heinrich, sal y cómprate algo.

EL NIÑO. Pero si está lloviendo. *Se aprieta contra la ventana indeciso.*

EL MARIDO. Si no dejan esas noticias sobre los procesos a los eclesiásticos, dejaré de comprar ese diario.

LA MUJER. ¿Y a cuál quieres suscribirte? Lo publican todos.

EL MARIDO. Si todos los diarios publican semejantes porquerías, no leeré ninguno. No estaré menos enterado de lo que pasa en el mundo.

LA MUJER. No es malo que hagan un poco de limpieza.

EL MARIDO. ¡Limpieza! No es más que política.

LA MUJER. En cualquier caso, no nos afecta, no somos evangelistas.

EL MARIDO. Pero a la gente no le da igual no poder entrar ya en una iglesia sin recordar esos horrores.

LA MUJER. ¿Qué pueden hacer si esas cosas ocurren?

EL MARIDO. ¿Qué pueden hacer? Podrían barrer alguna vez su propia casa. Según dicen, en la Casa Parda no todo está tan limpio.

LA MUJER. ¡Eso sólo prueba que nuestro pueblo se está saneando, Karl!

EL MARIDO. ¡Saneando! ¡Bonita forma de sanear! Si eso es la salud, prefiero la enfermedad.

LA MUJER. Hoy estás muy nervioso. ¿Ha pasado algo en el colegio?

EL MARIDO. ¿Qué quieres que pase en el colegio? Y haz el favor de no decirme todo el tiempo que estoy muy nervioso, porque es eso lo que me pone nervioso.

LA MUJER. No deberíamos discutir todo el tiempo, Karl. Antes...

EL MARIDO. Eso es lo que me faltaba. ¡Antes! Ni quería antes ni quiero ahora que envenenen la imaginación de mi hijo.

LA MUJER. Por cierto, ¿dónde está?

EL MARIDO. ¿Cómo quieres que lo sepa?

LA MUJER. ¿Lo has visto salir?

EL MARIDO. No.

LA MUJER. No comprendo adónde puede haber ido. *Llama:* ¡Klaus-Heinrich!

Sale de la habitación. Se la oye llamar. Vuelve.

¡Realmente se ha ido!

EL MARIDO. ¿Por qué no iba a salir?

LA MUJER. ¡Pero si está lloviendo a mares!

EL MARIDO. ¿Por qué te pone tan nerviosa que el chico haya salido?

LA MUJER. ¿De qué estábamos hablando?

EL MARIDO. ¿Qué tiene que ver eso?

LA MUJER. Últimamente pierdes con facilidad los estribos.

EL MARIDO. Últimamente no pierdo con facilidad los estribos, pero aunque los perdiera, ¿qué tiene que ver eso con que el chico haya salido?

LA MUJER. Ya sabes que los niños escuchan.

EL MARIDO. ¿Y qué?

LA MUJER. ¿Y qué? ¿Y si lo cuenta por ahí? Ya sabes cómo los convencen en las Juventudes Hitlerianas. Los animan claramente a comunicarlo todo. Es raro que se haya ido sin decir nada.

EL MARIDO. Qué tontería.

LA MUJER. ¿No viste cuándo salió?

EL MARIDO. Estuvo un buen rato pegado a la ventana.

LA MUJER. Me gustaría saber qué fue lo que oyó.

EL MARIDO. Él sabe muy bien qué pasa si se denuncia a alguien.

LA MUJER. ¿Y el chico de que hablaron los Schmulke? Al parecer, su padre está aún en un campo de concentración. Si por lo menos supiéramos cuánto hace que salió.

Va al otro cuarto y llama al niño.

No puedo imaginarme que, sin decir una palabra, se haya ido. No es propio de él.
EL MARIDO. ¿Tal vez haya ido a casa de algún amigo del colegio?
LA MUJER. Entonces sólo puede estar en casa de los Mummermann. Lo llamaré.

Llama por teléfono.

EL MARIDO. Creo que todo es una falsa alarma.
LA MUJER, *en el teléfono:* Soy la señora de Furcke, el profesor. Buenos días, señora Mummermann. ¿Está Klaus-Heinrich en su casa?... ¿No?... No puedo imaginarme dónde se habrá metido... Dígame, señora Mummermann, ¿está abierto el local de las Juventudes el domingo por la tarde?... ¿Sí?... Muchas gracias, preguntaré allí.

Cuelga. Los dos se quedan sentados en silencio.

EL MARIDO. ¿Qué puede haber oído?
LA MUJER. Hablaste del diario. Eso de la Casa Parda no hubieras debido decirlo. Él es tan nacionalista.
EL MARIDO. ¿Qué he dicho de la Casa Parda?
LA MUJER. ¡Tienes que acordarte! Que no estaba todo limpio allí.
EL MARIDO. Eso no se puede interpretar como un ataque. No estar todo limpio o, como yo dije más suavemente, no todo tan limpio, lo que es una diferencia y muy considerable, es más bien un comentario jocoso y populachero, por decirlo así en lenguaje familiar; sólo quiere

decir que allí, probablemente, no siempre y en todos los casos las cosas son como querría el Führer. Ese carácter de pura probabilidad lo expresé además con toda intención al decir, como recuerdo claramente, «según dicen» no está todo tan limpio, utilizando «tan» para quitar fuerza a la frase. ¡«Según dicen»! No «según digo yo». No puedo decir que hay algo allí que no esté limpio, porque no tengo motivo alguno para decirlo. Las imperfecciones son humanas. No he sugerido otra cosa e incluso lo he hecho en forma muy suave. Además, el propio Führer formuló una crítica en cierta ocasión en ese sentido, una crítica muchísimo más dura.

LA MUJER. No te entiendo. Conmigo no tienes por qué hablar así.

EL MARIDO. ¡Me gustaría no tener que hacerlo! Pero no estoy muy seguro de lo que tú misma parlotees sobre lo que se dice entre estas cuatro paredes, quizá en un momento de excitación. Entiéndeme bien, estoy muy lejos de acusarte de divulgar con ligereza cosas contra tu marido, lo mismo que no supongo ni por un momento que el chico pueda hacer algo contra su propio padre. Pero desgraciadamente hay una diferencia enorme entre causar un daño y saber que se causa.

LA MUJER. ¡Ya está bien! ¡Ten cuidado con lo que dices! Llevo todo el tiempo rompiéndome la cabeza para recordar si dijiste eso de que en la Alemania de Hitler no se puede vivir antes o después de lo de la Casa Parda.

EL MARIDO. Eso no lo he dicho nunca.

LA MUJER. ¡Te comportas como si yo fuera la policía! Lo único que hago es devanarme los sesos para saber lo que el chico puede haber oído.

EL MARIDO. La frase «Alemania de Hitler» no forma parte de mi vocabulario.
LA MUJER. ¿Y lo que dijiste del vigilante de la manzana, y de que los periódicos no cuentan más que mentiras, y lo que has dicho ahora mismo sobre la defensa pasiva? ¡El chico no oye nada de positivo! Y eso no es bueno para una mente infantil, que puede quedar desmoralizada, cuando el Führer subraya siempre que la juventud de Alemania es su futuro. La verdad es que el chico no es capaz de ir por ahí denunciando a nadie. Ay, me siento mal.
EL MARIDO. Rencoroso sí que es.
LA MUJER. ¿Y de qué tendría que vengarse?
EL MARIDO. Quién diablos sabe, siempre hay alguna cosa. Quizá porque le quité la rana.
LA MUJER. ¿Por qué se la quitaste?
EL MARIDO. Porque ya no le cazaba moscas. La estaba dejando morir de hambre.
LA MUJER. La verdad es que tiene muchas cosas que hacer.
EL MARIDO. De eso no tiene culpa la rana.
LA MUJER. Pero no ha vuelto a hablar de eso, y yo acababa de darle diez pfennig. Tiene todo lo que quiere.
EL MARIDO. Sí, pero eso es un soborno.
LA MUJER. ¿Qué quieres decir?
EL MARIDO. ¡Todo! ¡Que ya no hay límites! ¡Santo Dios! ¡Y uno tiene que ser maestro! ¡Educar a la juventud! ¡Me da miedo!
LA MUJER. Un niño no es testigo de fiar. Un niño no sabe lo que dice.
EL MARIDO. Eso dices tú. Pero ¿desde cuándo necesitan testigos para nada?

LA MUJER. ¿No podríamos pensar en qué querías decir tú con tus comentarios? Quiero decir que el chico te habría entendido mal.

EL MARIDO. ¿Qué puedo haber dicho? Ni siquiera me acuerdo. La culpa de todo la tiene esta maldita lluvia. Le pone a uno de mal humor. Al fin y al cabo, yo sería el último en decir algo contra el impulso espiritual que hoy anima al pueblo alemán. Ya a finales de 1932 lo predije todo.

LA MUJER. Karl, no tenemos tiempo de hablar de eso ahora. Tenemos que ponernos de acuerdo en todos los detalles, y enseguida. No podemos perder ni un minuto.

EL MARIDO. No puedo creerlo de Klaus-Heinrich.

LA MUJER. Bueno, primero lo de la Casa Parda y las porquerías.

EL MARIDO. Yo no he dicho nada de porquerías.

LA MUJER. Dijiste que el periódico no decía más que porquerías y que ibas a dejar de comprarlo.

EL MARIDO. ¡El periódico sí, pero no la Casa Parda!

LA MUJER. ¿No puedes haber dicho que desapruebas las porquerías que pasan en las iglesias? ¿Y que consideras muy posible que esas personas que hoy están ante los tribunales hayan sido las que han difundido infamias sobre la Casa Parda, diciendo que no todo estaba en ella tan limpio? ¿Y que más les hubiera valido barrer su propia casa? Y al chico le dijiste que dejara la radio y leyera el periódico, porque tú eres partidario de que la juventud del Tercer Reich mire con los ojos muy abiertos lo que ocurre a su alrededor.

EL MARIDO. Todo eso no sirve de nada.

LA MUJER. ¡Karl, no debes bajar la cabeza! Debes ser fuerte, como el Führer dice siempre...
EL MARIDO. No puedo presentarme ante el tribunal y ver que en el estrado de los testigos hay alguien de mi propia sangre testificando contra mí.
LA MUJER. No tienes que tomártelo así.
EL MARIDO. Ha sido una gran ligereza tratar con los Klimbtsch.
LA MUJER. A él no le ha pasado nada.
EL MARIDO. Sí, pero la investigación sigue adelante.
LA MUJER. Si todos los que han sufrido alguna vez una investigación se desesperaran...
EL MARIDO. ¿Crees que el vigilante de la manzana tiene algo contra nosotros?
LA MUJER. ¿Quieres decir, por si le preguntan? Por su cumpleaños recibió una caja de puros y en Año Nuevo le dimos un buen aguinaldo.
EL MARIDO. ¡Los Gauff de al lado le dieron quince marcos!
LA MUJER. Pero en el 32 leían todavía *Vorwärts* y en mayo del 33 pusieron la bandera negra, blanca y roja.

Suena el teléfono.

EL MARIDO. ¡El teléfono!
LA MUJER. ¿Lo cojo?
EL MARIDO. No sé.
LA MUJER. ¿Quién puede ser?
EL MARIDO. Espera un poco. Si llaman otra vez, lo coges.

Esperan. El teléfono no suena más.

EL MARIDO. ¡Esto no es vida!
LA MUJER. ¡Karl!
EL MARIDO. ¡Me has dado por hijo a un judas! Se sienta ahí a la mesa y, mientras se come la sopa que le damos, escucha y toma nota de todo lo que dicen sus progenitores, ¡el muy chivato!
LA MUJER. ¡No debes decir eso!

Pausa.

¿Crees que deberíamos hacer algunos preparativos?
EL MARIDO. ¿Tú crees que vendrán enseguida?
LA MUJER. ¡Es posible!
EL MARIDO. Tal vez debería ponerme la Cruz de Hierro...
LA MUJER. ¡Desde luego, Karl!

Él va a buscar la cruz y se la pone con mano temblorosa.

Pero en el colegio no tienen nada contra ti, ¿verdad?
EL MARIDO. ¿Cómo puedo saberlo? Yo estoy dispuesto a enseñar todo lo que quieran que enseñe, pero ¿qué quieren que enseñe? ¡Si lo supiera! ¡Qué sé yo cómo quieren que haya sido Bismarck! Tardan tanto en sacar los nuevos libros de texto... ¿No podrías darle a la muchacha diez marcos más? Está siempre escuchando también.
LA MUJER, *asintiendo:* ¿Ponemos sobre tu escritorio el retrato de Hitler? Estará mejor.
EL MARIDO. Sí, hazlo.

La mujer se dispone a cambiar el cuadro.

Pero si el chico les dice que lo hemos cambiado de sitio, eso indicaría que tenemos conciencia culpable.

La mujer vuelve a colgar el cuadro en su antiguo lugar.

¿No es eso la puerta?
LA MUJER. No he oído nada.
EL MARIDO. ¡Yo sí!
LA MUJER. ¡Karl!

Lo abraza.

EL MARIDO. No pierdas la cabeza. Prepárame alguna muda.

Se oye abrirse la puerta de la casa. El marido y la mujer, el uno junto al otro, están paralizados en un rincón del cuarto. Se abre la puerta y entra el niño, con una bolsa en la mano... Pausa.

EL NIÑO. ¿Qué os pasa?
LA MUJER. ¿Dónde has estado?

El niño señala la bolsa con los bombones.

LA MUJER. ¿Sólo has ido a comprarte chocolate?
EL NIÑO. Claro. ¿Qué otra cosa podía hacer?

Atraviesa la habitación masticando. Los padres lo siguen con mirada inquisitiva.

EL MARIDO. ¿Crees que dice la verdad?

La madre se encoge de hombros.

11

LOS ZAPATOS NEGROS

> Llegan huérfanos y viudas
> que también tienen sus dudas
> de lo que les prometieron.
> Hay que pagar más impuestos,
> la carne sube en los puestos...
> Las promesas incumplieron.

Bitterfeld, 1935. La cocina de una casa obrera. La madre está mondando patatas. Su hija de trece años está haciendo sus deberes.

LA HIJA. Madre, ¿me darás los dos pfennig?
LA MADRE. ¿Para las Juventudes Hitlerianas?
LA HIJA. Sí.
LA MADRE. No me sobra el dinero.
LA HIJA. Es que si no llevo los dos pfennig todas las semanas no podré ir este verano al campo. Y la maestra ha dicho que Hitler quiere que la ciudad y el campo se conozcan. Los habitantes de la ciudad deben acercarse a los campesinos. Pero para eso tengo que llevar los dos pfennig.
LA MADRE. Ya pensaré en cómo dártelos.

LA HIJA. Eso está muy bien, madre. Te ayudaré a pelar las patatas. En el campo se está bien, ¿verdad? Allí se come como es debido. La maestra dijo en la clase de gimnasia que tengo la tripa hinchada por las patatas.
LA MADRE. No tienes ninguna tripa.
LA HIJA. No, ahora no. Pero el año pasado la tenía. Aunque no mucha.
LA MADRE. Quizá pueda conseguir un poco de asaduras.
LA HIJA. A mí me dan un panecillo en el colegio. Pero a ti no. Berta dijo que cuando estuvo en el campo le daban también grasa de ganso para el pan. Y a veces carne. Eso está bien, ¿no?
LA MADRE. Muy bien.
LA HIJA. Y además el aire era muy puro.
LA MADRE. ¿Pero también tendría que trabajar?
LA HIJA. Claro. Pero había mucho de comer. Aunque el campesino era un poco descarado con ella, según dijo.
LA MADRE. ¿Por qué?
LA HIJA. Bueno, por nada. Que no la dejaba en paz.
LA MADRE. Vaya.
LA HIJA. Pero Berta era mayor que yo. Un año mayor.
LA MADRE. Haz tus deberes.
LA HIJA. No tendré que ponerme los zapatos negros viejos de la beneficencia, ¿verdad?
LA MADRE. No tendrás que hacerlo. Tienes el otro par.
LA HIJA. Lo decía porque ahora tienen un agujero.
LA MADRE. ¡Pero si llueve mucho!
LA HIJA. Les pongo papel por dentro y aguantan.
LA MADRE. No, no aguantan nada. Si están gastados, habrá que ponerles suelas.
LA HIJA. Es tan caro.

LA MADRE. ¿Qué tienes contra los zapatos de la beneficencia?
LA HIJA. No los puedo ver.
LA MADRE. ¿Porque son demasiado grandes?
LA HIJA. ¡Ya ves como a ti tampoco te gustan!
LA MADRE. Es que son ya antiguos.
LA HIJA. ¿Tendré que ponérmelos?
LA MADRE. Si no los puedes ver, no te los pongas.
LA HIJA. Pero no soy presumida, ¿verdad?
LA MADRE. No. Es sólo que estás creciendo.

Pausa, luego:

LA HIJA. ¿Y me darás los dos pfennig, mamá? Quiero ir al campo.
LA MADRE, *lentamente:* No tengo dinero para eso.

12

SERVICIO DE TRABAJO VOLUNTARIO

> Defensores de la igualdad social
> los fuerzan al trabajo sin jornal
> por unas botas y un pan diario.
> Los pobres ven, la estación entera,
> ricos trabajando a su manera...
> Pero les gustaría un salario.

Páramos de Lüneburg, 1935. Una columna trabaja. Un obrero joven y un estudiante manejan la pala.

EL ESTUDIANTE. ¿Por qué han metido en chirona al pequeñito y gordito de la tercera columna?
EL JOVEN OBRERO, *con una mueca:* El jefe de grupo dijo que estamos aprendiendo qué es trabajar y él dijo a media voz que le gustaría aprender también qué es cobrar una paga. Se lo tomaron a mal.
EL ESTUDIANTE. ¿Por qué dijo eso?
EL JOVEN OBRERO. Probablemente porque ya sabe qué es trabajar. A los catorce años estaba en la mina.
EL ESTUDIANTE. Cuidado, ahí viene el gordo.
EL JOVEN OBRERO. Si echa una ojeada, no podré limitarme a abrir un palmo de tierra.
EL ESTUDIANTE. Más no podré palear.
EL JOVEN OBRERO. Si me descubre, se armará.
EL ESTUDIANTE. Entonces no echaré más cigarrillos.
EL JOVEN OBRERO. ¡Me descubrirá!
EL ESTUDIANTE. Tú quieres tus vacaciones. ¿Crees que te voy a pagar si no arriesgas eso siquiera?
EL JOVEN OBRERO. Lo que tú me pagas me lo he ganado hace tiempo.
EL ESTUDIANTE. Es que no te pagaré nada.
EL JEFE DE GRUPO, *acercándose y mirando:* Bueno, señor doctor, ¿ahora sabes qué es trabajar, no?
EL ESTUDIANTE. Sí, jefe.

El joven trabajador cava sólo un palmo de tierra. El estudiante finge sacar la tierra con todas sus fuerzas.

EL JEFE DE GRUPO. Eso se lo debes al Führer.
EL ESTUDIANTE. Sí, jefe.
EL JEFE DE GRUPO. Muy bien: hombro con hombro y

nada de diferencias sociales. No importa lo que pueda ser papá. Seguid. *Sale.*
EL ESTUDIANTE. Eso no era un palmo.
EL JOVEN OBRERO. Sí que lo era.
EL ESTUDIANTE. Hoy nada de cigarrillos. Y será mejor que pienses que hay muchos como tú que quieran cigarrillos.
EL JOVEN OBRERO, *despacio:* Sí, hay muchos como yo. A veces nos olvidamos.

13

LA HORA DEL OBRERO

> Ahí llegan los de la propaganda
> y aunque nadie, nunca, se desmanda
> sacan el micrófono enseguida.
> Ellos no confían en tus bazas
> e interponen siempre sus manazas
> como si se jugaran la vida.

Leipzig, 1934. Oficina del director de una fábrica. Un locutor con un micrófono habla con un obrero de mediana edad, un viejo obrero y una obrera. Al fondo, un señor de la Dirección y un hombre rechoncho en uniforme de la SA.

EL LOCUTOR. Nos encontramos en medio de poleas y correas, rodeados de camaradas que trabajan laboriosa e incansablemente, contribuyendo a que nuestra querida patria tenga todo lo que necesita. Esta mañana estamos en las Hilanderías Fuchs S. A. Y aunque el trabajo sea duro y ponga en juego cada músculo, no vemos a nuestro alrededor más que rostros alegres y contentos. Pero vamos a dejar hablar a nuestros camaradas. *Al viejo obrero:* Usted lleva veintiún años en la empresa, señor...

EL VIEJO OBRERO. Sedelmaier.

EL LOCUTOR. Señor Sedelmaier. Bueno, señor Sedelmaier, ¿a qué se debe que hoy no veamos más que rostros satisfechos y contentos?

EL VIEJO OBRERO, *después de reflexionar:* Es que siempre están haciendo chistes.

EL LOCUTOR. Ah. Y con bromas alegres el trabajo resulta fácil, ¿no? Quiere decir que el nacionalsocialismo no conoce ese pesimismo hostil a la vida. Pero antes no era así ¿verdad?

EL VIEJO OBRERO. Eso, eso.

EL LOCUTOR. Quiere decir que en aquella época los obreros no tenían muchos motivos de risa. Entonces se decían: ¿para quién trabajamos?

EL VIEJO OBRERO. Bueno, también los hay que se lo preguntan ahora.

EL LOCUTOR. ¿Cómo dice? Ah sí, se refiere a los protestones que siempre hay, aunque sean cada vez menos, porque comprenden que todo es inútil y que el Tercer Reich progresa porque otra vez hay una mano firme. Eso quería decir también usted *–a la obrera–*, señorita...

LA OBRERA. Schmidt.

EL LOCUTOR. Señorita Schmidt. ¿En cuál de nuestras grandes prensas de acero trabaja usted?

La obrera, *de memoria:* Y también está el ocuparse de decorar el taller, que nos gusta mucho. El retrato del Führer es de una colecta voluntaria, y estamos muy orgullosos de él. Lo mismo que las macetas de geranios, que ponen una nota de color en el gris del taller, una iniciativa de la señorita Kinze.

El locutor. ¿De modo que decoran los talleres con flores, esas encantadoras criaturas del campo? Y, por lo demás, debe de haber toda clase de cambios en la fábrica desde que ha cambiado el rostro de Alemania...

El señor de la Dirección, *apuntándole:* Lavabos.

La obrera. Los lavabos son una idea del señor director Bäuschle en persona, por lo que quisiéramos darle las gracias más sinceras. El que quiere se puede lavar ahora en esos hermosos lavabos, siempre que no haya demasiada gente y demasiados empujones.

El locutor. Claro, todo el mundo quiere ser el primero, ¿no? Y siempre hay alegres disputas...

La obrera. No hay más que seis grifos para quinientos cincuenta y dos. Siempre hay jaleo. Hay gente que no tiene vergüenza.

El locutor. Pero todo transcurre en buena armonía. Y ahora este señor, no sé cuál es su nombre, querrá decirnos algo.

El obrero. Mahn.

El locutor. De manera que Mahn. Señor Mahn. ¿Cree usted que las muchas novedades introducidas en la fábrica han influido en el humor de sus compañeros de trabajo?

EL OBRERO. ¿Qué quiere decir?

EL LOCUTOR. Bueno, ¿les alegra que todas las poleas vuelvan a girar y todas las manos tengan trabajo?

EL OBRERO. Sí señor.

EL LOCUTOR. Y que todo el mundo, al terminar la semana, vuelva a llevarse a casa un salario, eso tampoco debemos olvidarlo.

EL OBRERO. No.

EL LOCUTOR. No siempre era así. En otras épocas muchos camaradas tenían que recorrer el amargo camino de la beneficencia. Y contentarse con una limosna.

EL OBRERO. Dieciocho marcos cincuenta. Sin descuentos.

EL LOCUTOR, *riéndose forzadamente:* ¡Jajajá! ¡Ésa sí que es buena! No había mucho que descontar.

EL OBRERO. No, ahora hay más.

El señor de la Dirección se adelanta nervioso, y también el rechoncho miembro de la SA.

EL LOCUTOR. Sí, todos tienen otra vez pan y trabajo en el Tercer Reich. Tiene usted razón, señor... ¿Cómo era su nombre? No hay ya poleas inmóviles, no hay brazos que se oxiden en la Alemania de Adolfo Hitler. *Aparta brutalmente al obrero del micrófono.* En alegre colaboración, el trabajador intelectual y el trabajador manual se lanzan a la reconstrucción de nuestra querida patria alemana. ¡Heil Hitler!

14

EL CAJÓN

> Llegan con ataúdes de estaño
> donde ha logrado su engaño
> meter a quien con ellos luchó.
> Siempre se negó a rebajarse,
> luchó para poder liberarse
> y en la lucha la muerte encontró.

Essen, 1934. Casa de obreros. Una mujer con dos niños. Un trabajador joven y su mujer, que han venido de visita. La mujer llora. Se oyen pasos que se acercan desde la escalera. La puerta está abierta.

LA MUJER. Sólo dijo que pagaban salarios de hambre. Y es verdad. El mayor está enfermo de los pulmones y no podemos comprar leche. No le pueden haber hecho nada.

Entran miembros de la SA con un gran cajón y lo dejan en el suelo.

HOMBRE DE LA SA. Por favor, nada de escenas. Una pulmonía la puede agarrar cualquiera. Aquí están los papeles. Todo está en regla. Y no hagan ninguna tontería.

Sale la gente de la SA.

UNO DE LOS NIÑOS. Mamá ¿está papá ahí dentro?
EL OBRERO, *que se ha dirigido hacia el cajón:* Es de cinc.

EL NIÑO. ¿No se puede abrir?

EL OBRERO, *furioso:* ¡Claro que se puede! ¿Dónde está la caja de herramientas?

Busca las herramientas. Su joven mujer trata de contenerlo.

LA JOVEN MUJER. ¡No lo abras, Hans! Se te llevarán a ti también.

EL OBRERO. Quiero ver lo que han hecho con él. Tienen miedo, eso se ve. Si no, no lo hubieran traído en un cajón de cinc. ¡Déjame!

LA JOVEN MUJER. No te dejo. ¿No los has oído?

EL OBRERO. Por lo menos podré verlo, ¿no?

LA MUJER *coge a sus hijos de la mano y va hacia el cajón de cinc:* Todavía tengo un hermano al que podrían llevarse, Hans. Y a ti se te podrían llevar también. El cajón puede seguir cerrado. No necesitamos verlo. No lo olvidaremos.

15

EL LIBERADO

> Ya llegan los torturados
> a latigazos tratados.
> Callaron la noche entera.
> Sus amigos y mujeres
> los miran como a otros seres:
> ¿qué harían en esa espera?

Berlín, 1936. Cocina de obreros. Domingo por la mañana. Un hombre y una mujer. Se oye a lo lejos música militar.

EL HOMBRE. Pronto estará aquí.
LA MUJER. En realidad no sabéis nada malo de él.
EL HOMBRE. Sabemos que ha salido del campo de concentración.
LA MUJER. ¿Y por qué desconfiáis?
EL HOMBRE. Han ocurrido demasiadas cosas. Allí les hacen pasar de todo.
LA MUJER. ¿Y cómo podría justificarse?
EL HOMBRE. Sabremos averiguar cuál es su verdadera posición.
LA MUJER. Pero puede pasar mucho tiempo.
EL HOMBRE. Sí.
LA MUJER. Y, sin embargo, puede que sea el mejor de los camaradas.
EL HOMBRE. Puede.
LA MUJER. Será terrible para él ver que todos desconfían.
EL HOMBRE. Sabe que es necesario.
LA MUJER. A pesar de todo.
EL HOMBRE. Oigo algo. No te vayas mientras hablamos.

Llaman a la puerta. El hombre la abre y entra el liberado.

EL HOMBRE. Hola, Max.

El liberado da la mano en silencio al hombre y la mujer.

LA MUJER. ¿Quiere tomar un café con nosotros? Precisamente estábamos tomando nosotros.

EL LIBERADO. Si no es molestia.

Pausa.

Tienen un armario nuevo.
LA MUJER. En realidad es uno viejo, comprado por once marcos cincuenta. El otro se vino abajo.
EL LIBERADO. Ah.
EL HOMBRE. ¿Pasa algo nuevo por ahí?
EL LIBERADO. Están haciendo una colecta.
LA MUJER. Nos vendría muy bien un traje para Willi.
EL HOMBRE. Yo tengo trabajo.
LA MUJER. Por eso nos vendría muy bien un traje para ti.
EL HOMBRE. No digas tonterías.
EL LIBERADO. Con trabajo o sin trabajo, todo el mundo puede necesitar algo.
EL HOMBRE. ¿Tienes ya trabajo tú?
EL LIBERADO. Lo voy a conseguir.
EL HOMBRE. ¿Con Siemens?
EL LIBERADO. Sí, o en algún otro lado.
EL HOMBRE. Ahora ya no es tan difícil.
EL LIBERADO. No.

Pausa.

EL HOMBRE. ¿Cuánto tiempo has estado allí?
EL LIBERADO. Seis meses.
EL HOMBRE. ¿Has encontrado a alguien dentro?
EL LIBERADO. No conocía a nadie. *Pausa.* Ahora te llevan a campos muy distintos. Te pueden llevar a Baviera.
EL HOMBRE. Ah.

EL LIBERADO. Aquí no han cambiado mucho las cosas.
EL HOMBRE. No especialmente.
LA MUJER. ¿Sabe?, vivimos muy apartados. Willi apenas se reúne con alguno de sus antiguos compañeros, ¿verdad, Willi?
EL HOMBRE. Sí, tenemos poco trato.
EL LIBERADO. ¿No habrán conseguido aún que se lleven del zaguán los barriles de basura?
LA MUJER. Ah, ¿se acuerda aún? Bueno, él dice que no tiene otro sitio para ellos.
EL LIBERADO, *a quien la mujer sirve una taza de café:* Sólo un sorbo. No voy a quedarme mucho.
EL HOMBRE. ¿Tienes algo que hacer?
EL LIBERADO. Selma me ha dicho que la cuidasteis cuando estaba en cama. Muchas gracias.
LA MUJER. No hay por qué darlas. Le hubiéramos dicho que viniera más noches, pero ni siquiera tenemos radio.
EL HOMBRE. Lo que se puede oír lo dice también el periódico.
EL LIBERADO. No hay mucho que leer en el *«Chorreo» de la Mañana*.
LA MUJER. Tampoco mucho en el *Nacional*.
EL LIBERADO. Y el *Nacional* dice lo mismo que el *«Chorreo»*, ¿no?
EL HOMBRE. No leo mucho por la noche. Estoy demasiado cansado.
LA MUJER. ¿Pero qué le ha pasado en la mano? ¡La tiene toda torcida y le faltan dos dedos!
EL LIBERADO. Me caí.
EL HOMBRE. Es una suerte que sea la izquierda.

EL LIBERADO. Sí, en el fondo es una suerte. Me gustaría hablar contigo. No lo tome a mal, señora Mahn.
LA MUJER. Claro. Todavía tengo que limpiar el fogón.

Ella se afana en el fogón. El liberado la mira con una suave sonrisa.

EL HOMBRE. Vamos a salir en cuanto acabemos de cenar. ¿Está Selma bien ya?
EL LIBERADO. La cadera no. No soporta lavar. Decidme... *Se interrumpe y los mira. Ellos lo miran. Él no sigue.*
EL HOMBRE, *roncamente:* ¿Y si fuéramos a Alexanderplatz antes de cenar? ¿Por todo ese jaleo de la colecta?
LA MUJER. ¿Podríamos ir, verdad?
EL LIBERADO. Claro.

Pausa.

En voz baja: Willi, yo sigo siendo el de siempre.
EL HOMBRE, *ligeramente:* Claro. Quizá haya música en la Alex. Arréglate, Anna. Ya hemos acabado el café. Me voy a peinar un poco.

Pasan a la habitación de al lado. El liberado sigue sentado. Ha cogido el sombrero. Silba para sí. Los otros dos vuelven vestidos para salir.

EL HOMBRE. Vamos, Max.
EL LIBERADO. Está bien. Sólo quiero decirte una cosa: que lo encuentro lógico.

EL HOMBRE. Entonces, vámonos.

Salen juntos.

16

SOCORRO DE INVIERNO

> Llega el Socorro de Invierno
> con trompetas del infierno
> hasta la casa más pobre.
> Sacan harapos y panes,
> se meten por los desvanes
> y quieren que nada sobre.
>
> El mismo que a su hermano pega
> pretende luego hacerle entrega
> de una limosna a toda prisa.
> Pero es un disparate:
> se les queda en el gaznate
> y el Heil Hitler les da risa.

Karlsruhe, 1937. Dos miembros de la SA traen un paquete del Socorro de Invierno a la habitación de una anciana, que está sentada a la mesa con su hija.

PRIMER HOMBRE DE LA SA. Bueno, abuela, esto te lo manda el Führer.
SEGUNDO HOMBRE DE LA SA. Para que no diga que no se ocupa de usted.

LA ANCIANA. Gracias, gracias. Patatas, Erna. Y un jersey de lana. Y manzanas.
PRIMER HOMBRE DE LA SA. Y ahí dentro hay una carta del Führer para usted. ¡Ábrala!
LA ANCIANA, *abriendo la carta:* ¡Cinco marcos! ¿Qué te parece, Erna?
SEGUNDO HOMBRE DE LA SA. ¡Es el Socorro de Invierno!
LA ANCIANA. Tiene que coger una manzanita, joven, y usted también. Por haber traído el paquete y haber subido las escaleras. Otra cosa no tengo. Y yo también me voy a comer una.

Muerde una manzana. Todos comen manzanas, menos la joven.

LA ANCIANA. Coge una, Erna, ¡no te quedes ahí parada! Ya ves que las cosas no son como dice tu marido.
PRIMER HOMBRE DE LA SA. ¿Qué dice su marido?
LA JOVEN. No dice nada. La vieja no hace más que parlotear.
LA ANCIANA. No, también lo dice él, nada malo, saben, lo que dicen todos. Que los precios han subido un poquito en los últimos tiempos. *Señala con la manzana a su hija.* Y la verdad es que ella ha calculado, con la libreta de la casa, que este año ha necesitado ciento veintitrés marcos más que el pasado. ¿Verdad, Erna? *Se da cuenta de que, al parecer, a los hombres de la SA no les ha sentado bien lo que ha dicho.* Pero eso es sólo porque hay que armar al país, ¿no? ¿Qué pasa? ¿He dicho algo malo?
PRIMER HOMBRE DE LA SA. ¿Dónde guarda la libreta de la casa, joven?

SEGUNDO HOMBRE DE LA SA. ¿Y a quién enseña esa libreta de la casa?

LA JOVEN. Es sólo para la casa. No se la enseño a nadie.

LA ANCIANA. Eso no puede parecerles mal, que lleve una libreta de la casa, ¿no?

PRIMER HOMBRE DE LA SA. ¿Y que ande propalando barbaridades, tampoco puede parecernos mal, verdad?

SEGUNDO HOMBRE DE LA SA. Tampoco he oído que, al entrar nosotros, dijera muy alto Heil Hitler. ¿Lo oíste tú?

LA ANCIANA. Claro que dijo Heil Hitler, y yo también lo digo: ¡Heil Hitler!

SEGUNDO HOMBRE DE LA SA. Hemos caído en una bonita guarida de marxistas, Albert. Tenemos que echar una ojeada a esa libreta de la casa. Llévenos a donde viva.

Coge a la joven del brazo.

LA ANCIANA. ¡Pero si está en el tercer mes! No pueden... ¡No lo harán! Si fueron ustedes quienes trajeron el paquete y aceptaron las manzanas. ¡Erna! Ella dijo Heil Hitler, qué puedo hacer yo... ¡Heil Hitler! ¡Heil Hitler!

Vomita la manzana. Los hombres de la SA se llevan a su hija.

LA ANCIANA, *vomitando aún:* ¡Heil Hitler!

17

DOS PANADEROS

> Ahí vienen los panaderos
> con engrudo en los calderos
> y tienen que hacer el pan.
> Hacen panes con salvado
> según lo reglamentado...
> No saben a qué sabrán.

Landsberg, 1936. Patio de una cárcel. Los presos dan vueltas. Cada vez que pasan por delante, dos de los presos hablan en voz baja.

UNO. ¿Entonces también tú eres panadero, novato?
EL OTRO. Sí. ¿Tú también?
UNO. Sí. ¿Por qué te han trincado?
EL OTRO. ¡Cuidado!

Vuelven a dar vueltas.

Porque no ponía salvado y patata en el pan. ¿Y a ti? ¿Cuánto tiempo llevas aquí?
UNO. Dos años.
EL OTRO. ¿Y por qué estás aquí? ¡Cuidado!

Vuelven a dar vueltas.

UNO. Por poner salvado en el pan. Hace dos años eso se llamaba adulteración de productos alimenticios.
EL OTRO. ¡Cuidado!

18

EL CAMPESINO DA DE COMER A LA CERDA

> El campesino va en el cortejo
> lleva fruncido el entrecejo.
> No le darán nada por sus trigos.
> Pero si ha de alimentar a su cerda
> no puede hacerlo sólo con mierda...
> Tiene cara de pocos amigos.

Auchach, 1937. Bauernhof. Es de noche. El campesino, delante de la pocilga, da instrucciones a su mujer y a sus dos hijos.

EL CAMPESINO. Nunca he querido meteros en esto, pero lo habéis descubierto y ahora tenéis que cerrar la boca. Si no, vuestro padre irá a la cárcel de Landsberg para toda la vida. No hacemos nada malo si alimentamos a nuestros animales cuando tienen hambre. Nuestro Señor no quiere que ninguna criatura pase hambre. Y cuando un animal tiene hambre, se pone a gritar, y yo no puedo soportar que una cerda grite en mi granja de hambre. Pero no debo alimentarla. Lo dice el Estado. Y, sin embargo, la alimento. Porque si no la alimento se me queda ahí y pierdo algo que nadie me va a devolver.

LA CAMPESINA. Eso pienso yo también. Nuestro trigo es nuestro trigo. Y esos sinvergüenzas no pueden imponernos nada. Han echado a los judíos, pero el Estado es el mayor judío. Y el cura dijo: No cierres el hocico al buey que trilla. Con lo que quiso decir que podemos dar de comer tranquilamente a nuestro ganado. No fuimos nosotros quienes hicimos su plan cuatrienal, ni nos preguntaron siquiera.

EL CAMPESINO. Exacto. No están con los campesinos y los campesinos no están con ellos. Tengo que entregar mi trigo por nada, pero tengo que comprar cara la comida del ganado. Para que ese señor pueda comprar cañones.

LA CAMPESINA. Ponte junto a la verja, Toni, y tú, Marie, vete al prado y si viene alguien, avisa.

Los niños se colocan en sus puestos. El campesino mezcla la comida de la cerda y, mirando en torno con temor, la lleva a la pocilga. También su mujer mira alrededor.

EL CAMPESINO, *echando la comida a la cerda:* Come, come, Lina. ¡Heil Hitler! Cuando un animal tiene hambre, el Estado no es nada.

19

EL VIEJO COMBATIENTE

> Vienen votantes a la carrera.
> Votar, votó la Nación entera
> y eligieron a quien los maltrata.
> Porque hoy no tienen pan ni cobijo,
> ni siquiera tienen puesto fijo
> ¡votar a Hitler fue mala pata!

La ciudad de Calw, Württemberg, en 1938. Una plaza con pequeñas tiendas. Al fondo, un carnicería, en el proscenio una lechería. Una oscura mañana de invierno. La carnicería está aún cerrada, pero la lechería está iluminada ya y hay algunos clientes que esperan.

UN PEQUEÑO BURGUÉS. ¿Hoy tampoco hay manteca, no?
LA MUJER. Tendría que haber al menos la que puedo comprar con lo que gana mi marido, que no es precisamente mucho.
UN MUCHACHO. No se queje, ¿eh? Alemania, y eso es a prueba de bomba, necesita cañones y no manteca. Él lo dijo claramente.
LA MUJER, *apocada:* Es verdad.

Silencio.

EL MUCHACHO. ¿Cree que con manteca habríamos podido ocupar Renania? Todo el mundo estuvo de acuerdo cuando se hizo, pero nadie quiere sacrificarse.
UNA SEGUNDA MUJER. Vamos por partes. Todos nos sacrificamos.
EL MUCHACHO, *desconfiado:* ¿Qué quiere decir?
LA SEGUNDA MUJER, *a la primera:* ¿Acaso no da usted cuando hay una colecta?

La primera mujer asiente.

Ya ve. Ella da. Y nosotros damos también. Voluntariamente.

EL MUCHACHO. Eso ya lo sabemos. Agarrándose a cada pfennig cuando el Führer necesita, por decirlo así, apoyo para sus grandes empresas. Para el Socorro de Invierno no damos más que harapos. Lo que más nos gustaría sería dar sólo las polillas. Pero sabemos con quiénes nos jugamos los cuartos. El dueño de fábrica del número 11 dio un par de botas de montar totalmente gastadas.
EL PEQUEÑO BURGUÉS. ¡La gente es tan imprudente!

La lechera, con un delantal blanco, sale de la lechería.

LA LECHERA. Enseguida estamos. *A la segunda mujer:* Buenos días, señora Ruhl. ¿Sabe que ayer noche se llevaron al joven Lettner de al lado?
LA SEGUNDA MUJER. ¿El carnicero?
LA LECHERA. Sí, el hijo.
LA SEGUNDA MUJER. ¿Pero no estaba en la SA?
LA LECHERA. Estaba. El padre está en el Partido desde el veintinueve. Ayer estaba fuera de casa, en una subasta de ganado; si no, se lo hubieran llevado también.
LA SEGUNDA MUJER. ¿Qué había hecho?
LA LECHERA. Subir el precio de la carne. No le daban ya en los últimos tiempos y tenía que dejar que los clientes se le fueran. Y entonces, al parecer, compró en el mercado negro. Incluso dicen que a los judíos.
EL MUCHACHO. ¡Había motivos para que se lo llevaran!
LA LECHERA. Siempre había sido de los más leales. Hizo que encerraran al viejo Ziesler del 17 porque no se suscribió al *Nacional*. Es un viejo combatiente.

La segunda mujer. Qué cara pondrá cuando vuelva.
La lechera. ¡Cuando vuelva!
El pequeño burgués. ¡La gente es tan imprudente!
La segunda mujer. Al parecer, no van a abrir hoy.
La lechera. ¡Es lo mejor que pueden hacer! Cuando la policía mete las narices, siempre encuentra algo, ¿no? ¡Con lo difícil que es encontrar hoy género! Nosotros sólo lo recibimos de la cooperativa: ¡con ella no hay dificultades hasta ahora! *Gritando:* ¡Hoy no hay nata! *Murmullo general de decepción.* Dicen que los Lettner tienen también una hipoteca sobre la casa. Esperaban que se la cancelaran o qué sé yo.
El pequeño burgués. ¡No se pueden cancelar las hipotecas! Eso es pedir demasiado.
La segunda mujer. El joven Lettner era una persona muy simpática.
La lechera. El rabioso fue siempre el viejo Lettner. Metió al muchacho, que hubiera preferido salir con chicas, en la SA.
El muchacho. ¿Qué quiere decir eso de rabioso?
La lechera. ¿He dicho rabioso? Bueno, antes se ponía siempre rabioso cuando se decía algo contra la Causa. Siempre hablaba de la Causa y en contra del egoísmo del individuo.
El pequeño burgués. Están abriendo.
La segunda mujer. Al fin y al cabo, hay que vivir.

De la carnicería, ahora semiiluminada, sale una mujer gorda. Se detiene en la acera y echa una mirada inquisitiva a la calle. Luego se vuelve hacia la lechera.

LA CARNICERA. Buenos días, señora Schlichter. ¿Ha visto a nuestro Richard? ¡Hace tiempo que debería estar aquí con la carne!

La lechera no le responde. Todos miran fijamente a la carnicera, que se da cuenta y vuelve a entrar apresuradamente en la tienda.

LA LECHERA. Hace como si no hubiera pasado nada. Es lógico teniendo en cuenta el alboroto que el viejo organizó antes de ayer, cuando se le oía rugir por toda la plaza. Eso se lo guardan.
LA SEGUNDA MUJER. De eso yo no sé nada, señora Schlichter.
LA LECHERA. ¿De veras? Se negó a colgar en el escaparate los jamones de cartón que le habían traído. Antes los había encargado porque se lo habían exigido: durante una semana no había colgado en el escaparate más que la pizarra de precios. Decía que no tenía nada más que exponer. Cuando vinieron con los jamones de cartón, trajeron también medio ternero, muy bien imitado, y él se puso a rugir que no colgaría nada falso en el escaparate y otras muchas cosas que no se pueden repetir. Todo contra el Gobierno, y luego tiró las cosas a la calle. Tuvieron que recogerlas del barro.
LA SEGUNDA MUJER. Chist, chist, chist, chist.
EL PEQUEÑO BURGUÉS. ¡Qué imprudente es la gente!
LA SEGUNDA MUJER. ¿Cómo es posible que la gente pierda la cabeza de esa forma?
LA LECHERA. ¡Y precisamente los más listos!

En ese momento se enciende en la carnicería una segunda luz.

LA LECHERA. ¡Miren!

Señala excitada el escaparate semiiluminado.

LA SEGUNDA MUJER. ¡Hay algo en el escaparate!
LA LECHERA. ¡Es el viejo Lettner! ¡Y con abrigo! Pero, ¿en dónde se apoya? *Grita de pronto:* ¡Señora Lettner!
LA CARNICERA *sale de la tienda:* ¿Qué ocurre?

La lechera, sin decir palabra, señala el escaparate. La carnicera echa una ojeada, grita y cae desmayada. La segunda mujer y la lechera corren hacia ella.

LA SEGUNDA MUJER, *por encima de su hombro:* ¡Se ha ahorcado en el escaparate!
EL PEQUEÑO BURGUÉS. Lleva un cartel colgado.
LA PRIMERA MUJER. Es la pizarra de precios. Hay algo escrito.
LA SEGUNDA MUJER. Ahí dice: ¡Yo voté por Hitler!

20

EL SERMÓN DE LA MONTAÑA

> Los cristianos, no violentos,
> olvidan sus mandamientos

y de perdidos al río.
No puede ser refutado:
otros dioses han echado
a su Dios de paz judío.

Lübeck, 1937, cocina-comedor de un pescador. El pescador agoniza. Junto a su lecho su mujer y, con uniforme de la SA, su hijo. Hay también un cura.

EL MORIBUNDO. Dígame, ¿hay verdaderamente algo después?
EL CURA. ¿Lo atormentan las dudas?
LA MUJER. En los últimos tiempos no deja de decir que se habla y se promete tanto que no se sabe qué creer. No lo tome a mal, señor cura.
EL CURA. Después viene la vida eterna.
EL MORIBUNDO. ¿Y es mejor que ésta?
EL CURA. Sí.
EL MORIBUNDO. Tiene que serlo.
LA MUJER. Ha sufrido tanto, ¿sabe?
EL CURA. Créame que Dios lo sabe.
EL MORIBUNDO. ¿Usted cree? *Tras una pausa:* ¿Allí arriba se podrá abrir la boca, no?
EL CURA, *un tanto desconcertado:* Escrito está que la fe mueve montañas. Tenga fe. Y todo le será más fácil.
LA MUJER. No vaya a pensar, señor cura, que le falta la fe. Siempre ha comulgado. *A su marido, insistentemente:* El señor cura piensa que no tienes fe. Pero la tienes, ¿verdad?
EL MORIBUNDO. Sí...

Silencio.

Si no, no hay nada.

EL CURA. ¿Qué quiere decir con eso?

EL MORIBUNDO. Bueno, pues que si no, no hay nada. ¿No? Quiero decir que si hubiera habido alguna cosa...

EL CURA. ¿Qué hubiera tenido que haber?

EL MORIBUNDO. Algo.

EL CURA. Pero usted ha tenido a su querida mujer y a su hijo.

LA MUJER. Nos has tenido, ¿no?

EL MORIBUNDO. Sí...

Silencio.

Quiero decir que si hubiera pasado algo en mi vida...

EL CURA. Quizá no le comprendo del todo. No querrá decir que sólo cree porque su vida ha sido fatigosa y trabajosa...

EL MORIBUNDO, *mirando a su alrededor, hasta que ve a su hijo:* ¿Y será mejor para ellos?

EL CURA. ¿Se refiere a la juventud? Sí, eso esperamos.

EL MORIBUNDO. Si tuviéramos un balandro con motor...

LA MUJER. ¡No te preocupes ahora!

EL CURA. No debería pensar en esas cosas.

EL MORIBUNDO. Tengo que hacerlo.

LA MUJER. Saldremos adelante.

EL MORIBUNDO. ¿Y si hay guerra?

LA MUJER. No digas eso. *Al cura:* En los últimos tiempos habla siempre con el chico de la guerra. No están de acuerdo al respecto.

El cura mira al hijo.

EL HIJO. Él no cree en la resurrección.
EL MORIBUNDO. Dígame, ese que está arriba, ¿quiere que haya guerra?
EL CURA, *titubeando:* Escrito está: bienaventurados los pacíficos.
EL MORIBUNDO. Pero si hay guerra...
EL HIJO. ¡El Führer no quiere la guerra!

El moribundo hace un amplio gesto con la mano, como para apartarlo.

EL MORIBUNDO. Bueno, pues si hay guerra...

El hijo quiere decir algo.

LA MUJER. Calla ahora.
EL MORIBUNDO, *al cura, señalando a su hijo:* ¡Dígale eso de los pacíficos!
EL CURA. Todos estamos en manos de Dios, no lo olvide.
EL MORIBUNDO. ¿Se lo va a decir?
LA MUJER. El señor cura no puede hacer nada contra la guerra, ¡sé sensato! De eso no se debe hablar en estos tiempos, ¿verdad, señor cura?
EL MORIBUNDO. Usted sabe que son todos unos estafadores. No puedo comprar ya un motor para mi barco. Montan los motores en sus aviones. Para la guerra, para la matanza. Y, cuando hace mal tiempo, yo no puedo regresar porque no tengo motor. ¡Qué estafadores! ¡Harán la guerra! *Se echa hacia atrás, agotado.*

LA MUJER *va asustada a buscar una palangana con agua y le enjuga el sudor de la frente con un paño:* No lo escuche. Ya no sabe lo que se dice.

EL CURA. Cálmese señor Claasen.

EL MORIBUNDO. ¿Le va a decir eso de los pacíficos?

EL CURA, *tras una pausa:* Puede leerlo él mismo. Está en el Sermón de la Montaña.

EL MORIBUNDO. Él dice que todo eso viene de un judío y no vale.

LA MUJER. ¡No empieces otra vez! No es eso lo que opina. ¡Se lo oye decir a los camaradas!

EL MORIBUNDO. Sí. *Al cura:* ¿No vale?

LA MUJER, *echando una mirada angustiosa a su hijo:* No pongas en dificultades al señor cura, Hannes. No debes preguntarle eso.

EL HIJO. ¿Y por qué no debo preguntárselo?

EL MORIBUNDO. ¿Vale o no vale?

EL CURA, *tras una larga pausa, atormentado:* También está en las Escrituras: Dad al César lo que es del César y a Dios lo que es de Dios.

El moribundo se echa hacia atrás. La mujer le pone sobre la frente un paño mojado.

21

LA CONSIGNA

> Les enseña el magisterio
> a morir por el imperio

como dos y dos son cinco.
Morir no es nunca sencillo:
aprenden el estribillo
y se esfuerzan con ahínco.

Chemnitz, 1937. Un local de las Juventudes Hitlerianas. Un grupo de jóvenes, en su mayoría con máscaras de gas colgadas. Un grupito se dirige hacia un joven sin máscara, que se sienta solo en un banco moviendo los labios sin pausa, como si estuviera estudiando.

EL PRIMER MUCHACHO. Sigue sin tenerla.
EL SEGUNDO MUCHACHO. Su vieja no se la compra.
EL PRIMER MUCHACHO. Ella tendría que comprender que él lo pasa muy mal...
EL TERCER MUCHACHO. Si no tiene la pasta...
EL PRIMER MUCHACHO. ¡Con la manía que le tiene el gordo!
EL SEGUNDO MUCHACHO. Ahora estudia la consigna.
EL CUARTO MUCHACHO. Hace ya cinco semanas que se la estudia, y sólo son dos estrofas.
EL TERCER MUCHACHO. Se la sabe hace tiempo.
EL SEGUNDO MUCHACHO. Sólo se atasca porque tiene miedo.
EL CUARTO MUCHACHO. Resulta siempre muy cómico, ¿verdad?
EL PRIMER MUCHACHO. Para reventar de risa. *Llama hacia el otro lado:* ¿Te la sabes, Pschierer?

El quinto muchacho levanta la vista turbado, comprende y asiente. Luego sigue estudiando.

EL SEGUNDO MUCHACHO. El gordo se mete con él sólo porque no tiene máscara antigás.

EL TERCER MUCHACHO. Él dice que es porque no quiso acompañarlo al cine.

EL CUARTO MUCHACHO. Eso he oído también. ¿Os lo creéis?

EL SEGUNDO MUCHACHO. Es posible. Yo tampoco iría con el gordo al cine. Pero conmigo no se atreve. Mi viejo le armaría un escándalo.

EL PRIMER MUCHACHO. ¡Cuidado, el gordo!

Los muchachos forman en dos filas. Entra un jefe de grupo corpulento. Saludo hitleriano.

EL JEFE DE GRUPO. ¡A numerarse!

Se numeran.

¡Máscaras de gas!

Los muchachos se ponen las máscaras de gas. Algunos no tienen. Todos hacen los mismos movimientos aprendidos.

Primero la consigna. ¿Quién nos la va a decir? Mira a su alrededor como indeciso, y luego, de pronto: ¡Pschierer! Tú te la sabes ya.

El quinto muchacho se adelanta, situándose delante de la fila. Está muy pálido.

¿La sabes, artista?
EL QUINTO MUCHACHO. ¡Sí, jefe!
EL JEFE DE GRUPO. ¡Entonces venga! ¡Primera estrofa!
EL QUINTO MUCHACHO
   Aprende a mirar a la muerte de frente,
   ésa es la consigna del tiempo de ahora.
   Si un día te envían a luchar, valiente
   has de ser hasta tu última hora.
EL JEFE DE GRUPO. ¡No te hagas pis en los pantalones! ¡Sigue! ¡Segunda estrofa!
EL QUINTO MUCHACHO
   ¡Y entonces dispara, acuchilla, golpea!
   Porque eso es lo que exige...

Se queda atascado y repite las palabras. Algunos muchachos contienen con dificultad la risa.

EL JEFE DE GRUPO. Entonces, ¿sigues sin aprendértela?
EL QUINTO MUCHACHO. ¡Sí, jefe!
EL JEFE DE GRUPO. Seguro que aprendes otras cosas en casa, ¿no?

Rugiendo: ¡Sigue!

EL QUINTO MUCHACHO
   Porque eso es lo que exige nuestra... victoria.
   Sé un alemán, como sea, como sea
   sé un alemán, como sea
   muere por ello... y alcanza la gloria.
EL JEFE DE GRUPO. ¡Como si fuera tan difícil!

22

SE CONOCE EN LOS CUARTELES EL BOMBARDEO DE ALMERÍA

> Ahí llegan ya los soldados.
> Están bien alimentados
> para que no tengan queja.
> Deben seguir peleando
> y no ir por ahí preguntando
> por qué esta guerra no ceja.

Berlín, febrero de 1937. Pasillo de un cuartel. Dos jóvenes proletarios, mirando a su alrededor temerosos, llevan un paquete envuelto en papel.

EL PRIMER MUCHACHO. Hoy están excitados, ¿no?
EL SEGUNDO MUCHACHO. Dicen que es porque puede haber guerra. A causa de España.
EL PRIMER MUCHACHO. Algunos están blancos como el papel.
EL SEGUNDO MUCHACHO. Porque han bombardeado Almería. Ayer noche.
EL PRIMER MUCHACHO. ¿Dónde está eso?
EL SEGUNDO MUCHACHO. En España, claro. Hitler telegrafió que un barco de guerra alemán bombardearía inmediatamente Almería. Porque allí son rojos y los rojos deben tener miedo del Tercer Reich. Ahora puede haber guerra.
EL PRIMER MUCHACHO. Ahora son ellos los que tienen miedo.

EL SEGUNDO MUCHACHO. Sí, tienen miedo.

EL PRIMER MUCHACHO. ¿Y por qué gritan entonces, si están blancos como el papel y tienen miedo de que pueda haber guerra?

EL SEGUNDO MUCHACHO. Sólo han gritado porque Hitler lo quiere.

EL PRIMER MUCHACHO. Pero lo que quiere Hitler lo quieren ellos también. Todos están a favor de Hitler. Porque fue él quien creó la joven Wehrmacht.

EL SEGUNDO MUCHACHO. Eso es verdad.

Pausa.

EL PRIMER MUCHACHO. ¿Crees que podemos salir ya?

EL SEGUNDO MUCHACHO. Espera un poco, porque si no, nos encontraremos con algún teniente. Entonces nos lo quitará todo y los otros se dejarán engañar.

EL PRIMER MUCHACHO. Es una consideración por su parte que nos dejen venir todos los días.

EL SEGUNDO MUCHACHO. Tampoco ellos son millonarios por casa. ¡Se dan cuenta! Mi vieja sólo recibe diez marcos a la semana, y somos tres. No hay más que patatas.

EL PRIMER MUCHACHO. Pero los de aquí comen bien. Hoy había albóndigas.

EL SEGUNDO MUCHACHO. ¿Cuántas te han dado hoy?

EL PRIMER MUCHACHO. Una porción, como siempre. ¿Por qué?

EL SEGUNDO MUCHACHO. A mí me han dado dos.

EL PRIMER MUCHACHO. Déjame ver. A mí sólo me han dado una.

El segundo muchacho le muestra.

¿Tú dijiste algo?
EL SEGUNDO MUCHACHO. No. Buenos días, como siempre.
EL PRIMER MUCHACHO. Eso no lo entiendo. Yo les dije lo de siempre. Heil Hitler.
EL SEGUNDO MUCHACHO. Es extraño. A mí me han dado dos porciones.
EL PRIMER MUCHACHO. ¿Por qué de repente? No lo entiendo.
EL SEGUNDO MUCHACHO. Yo tampoco... Ahora está despejado.

Se marchan corriendo.

23

CONTRATACIÓN DE MANO DE OBRA

> Vienen los que dan trabajo.
> Un hombre es escarabajo
> que ellos pinchan sin pudor.
> Ha de fecundar la tierra
> y su máquina de guerra
> con su sangre y su sudor.

Spandau, 1937. Un obrero, al volver a su vivienda, encuentra a su vecina.

LA VECINA. Buenas noches, señor Fenn. Quería pedirle prestado a su mujer un poco de pan. Ha salido un instante.
EL HOMBRE. Con mucho gusto, señora Dietz. ¿Qué le parece el empleo que he conseguido?
LA VECINA. Sí, ahora todos tienen trabajo. Está usted en las nuevas fábricas de motores, ¿no? ¿Allí fabricarán bombarderos?
EL HOMBRE. Cada vez más y más.
LA VECINA. Los necesitan en España.
EL HOMBRE. ¿Por qué precisamente en España?
LA VECINA. Se dicen tantas cosas sobre lo que se envía allí. Es una vergüenza.
EL HOMBRE. Tenga cuidado con lo que dice.
LA VECINA. ¿Está usted también con ellos?
EL HOMBRE. Yo no estoy con nadie. Hago mi trabajo. ¿Dónde se habrá metido Martha?
LA VECINA. Ah, quizá tendría que prepararlo. Es posible que sea algo desagradable. Cuando entré, estaba aquí precisamente el cartero, y había dado una carta a su mujer que la había trastornado. Pensé si no sería mejor que pidiera el pan a los Schiermann.
EL HOMBRE. Vaya. *Llama:* ¡Martha!

Entra su mujer. De luto.

EL HOMBRE. ¿Qué te pasa? ¿Quién ha muerto?
LA MUJER. Franz. Ha llegado una carta.

Le da una carta.

LA VECINA. ¡Santo cielo! ¿Qué le ha pasado?
EL HOMBRE. Ha sido un accidente.
LA VECINA, *desconfiada:* ¿Era aviador, no?
EL HOMBRE. Sí.
LA VECINA. ¿Y tuvo un accidente?
EL HOMBRE. En Stettin. En un ejercicio nocturno en el campo de maniobras, dice aquí.
LA VECINA. ¡No ha sido un accidente! No me pueden venir con esa historia.
EL HOMBRE. Sólo le digo lo que dice aquí. La carta es del Estado Mayor del campo.
LA VECINA. ¿Y él les escribía últimamente? ¿De Stettin?
EL HOMBRE. No te pongas así, Martha. No sirve de nada.
LA MUJER. No, lo sé.
LA VECINA. Era tan simpático su hermano. ¿Les preparo café?
EL HOMBRE. Sí, si no le importa, señora Dietz...
LA VECINA, *buscando un cacharro:* Una cosa así es siempre un golpe.
LA MUJER. Puedes lavarte tranquilamente, Herbert. A la señora Dietz no le importará.
EL HOMBRE. Para eso hay tiempo.
LA VECINA. ¿Y él les escribía desde Stettin?
EL HOMBRE. Sus cartas venían siempre de Stettin.
LA VECINA, *mirándolo significativamente:* Ah. ¿Pero estaría en el sur?
EL HOMBRE. ¿Cómo que en el sur?
LA VECINA. Lejos, en el sur, en la hermosa España.
EL HOMBRE, *al ver que su mujer vuelve a sollozar:* ¡Cálmate, Martha! No debería hablar así, señora Dietz.

LA VECINA. Sólo quisiera saber qué dirían en Stettin si fuera usted a buscar el cadáver de su cuñado.

EL HOMBRE. No iré a Stettin.

LA VECINA. Todo lo tapan muy bien. Consideran una heroicidad que no se sepa nada. Uno de la alcaldía se jactaba de lo inteligentemente que ocultan su guerra. Cuando derriban a un bombardero de ésos y los de dentro saltan en paracaídas, los de los otros bombarderos les disparan en el aire con ametralladoras, a los suyos, para que no puedan decir a los rojos de dónde vienen.

LA MUJER, *poniéndose mala:* Dame agua, Herbert, quieres, me siento muy mal.

LA VECINA. La verdad es que no quería trastornarla más, pero ¡cómo lo tapan todo! Saben muy bien que es un crimen y que tienen que ocultar su guerra. Incluso aquí. ¡Un accidente en unos ejercicios! ¿Qué ejercicios? ¡Ejercicios de guerra!

EL HOMBRE. Por lo menos no hable tan fuerte. *A su mujer:* ¿Te sientes mejor?

LA VECINA. También usted es de los que callan como un muerto. ¡En esa carta tiene la prueba!

EL HOMBRE. ¿Quiere callarse de una vez?

LA MUJER. ¡Herbert!

LA VECINA. Sí, ¡que me calle de una vez! ¡Porque ha encontrado trabajo! ¡Pero su cuñado también! Precisamente ha tenido un «accidente» con una cosa de esas que producen en la fábrica de motores.

EL HOMBRE. Eso es demasiado, señora Dietz. ¡Dice que trabajo en cosas de ésas! ¿Y en qué trabajan los otros? ¿En qué trabaja su marido? ¿En lámparas, no?

¿Y eso no es para la guerra? ¡Es sólo para iluminación! ¿Pero para qué es la iluminación? ¿Qué es lo que se se ilumina? ¿Se iluminan los tanques? ¿O los buques de guerra? ¿O una cosa de ésas? ¡Él sólo hace lámparas! Dios santo, ¡no hay nada ya que no sea para la guerra! ¿Dónde voy a encontrar trabajo si me digo: ¡pero que no sea para la guerra!? ¿Tendré que morirme de hambre?

LA VECINA, *apocada:* Yo no digo que tenga que morirse de hambre. Naturalmente que tiene que aceptar el trabajo. Hablo sólo de esos criminales. ¡Es una bonita contratación de mano de obra!

EL HOMBRE, *seriamente:* Y tú tampoco debes andar por ahí de negro. No les gusta.

LA VECINA. Lo que no les gusta son las preguntas que hacen.

LA MUJER, *tranquila:* ¿Crees que debo quitarme el luto?

EL HOMBRE. Sí. Si no, me quedaré sin trabajo enseguida.

LA MUJER. Pues no me lo quitaré.

EL HOMBRE. ¿Qué quieres decir?

LA MUJER. Que no me lo quitaré. Mi hermano ha muerto. Llevaré luto por él.

EL HOMBRE. Si no tuvieras ese vestido, porque lo compró Rosa cuando murió mi madre, no podrías vestirte de luto.

LA MUJER, *chillando:* ¡Nadie me impedirá que lleve luto! Si ellos lo han sacrificado, yo debo poder llorar al menos. ¡Nunca ha habido nada parecido! ¡Nunca se ha visto en el mundo nada tan inhumano! ¡Son unos verdaderos criminales!

LA VECINA, *mientras el hombre, mudo de espanto, sigue sentado:* ¡Señora Fenn!

EL HOMBRE, *roncamente:* Si hablas así, nos pasará algo peor que perder mi puesto.

LA MUJER. ¡Que se me lleven! También tienen campos de concentración para mujeres. ¡Que me metan en uno, porque a mí no me da igual que maten a mi hermano! ¿Qué se le había perdido en España?

EL HOMBRE. ¡Deja de hablar de España!

LA VECINA. ¡Se va a buscar un disgusto, señora Fenn!

LA MUJER. ¿Vamos a tener que callar para que no te quiten el puesto? ¿Porque moriremos si no fabricamos sus bombarderos? ¿Y para morirnos luego de todos modos? ¿Como Franz? A él también le han buscado un puesto. A un metro bajo tierra. ¡También aquí hubiera podido tener ese puesto!

EL HOMBRE. *Quiere cerrarle la boca:* ¡Cállate! ¡Eso no sirve de nada!

LA MUJER. ¿Qué sirve entonces? ¡Haz algo que sirva!

24

PLEBISCITO

        Y los vimos avanzar...
        Nos pusimos a gritar:
        ¿no hay alguien que no lo siga?
        ¡No os quedéis ahí pasmados!
        Esa guerra, desgraciados,
        no es la vuestra, aunque él lo diga.

Berlín, 13 de marzo de 1938. En una vivienda proletaria, dos obreros y una mujer. El asta de una bandera bloquea la pequeña habitación. En la radio se oye un enorme júbilo, repicar de campanas y ruido de aviones. Una voz dice: «Y ahora el Führer hace su entrada en Viena».

LA MUJER. Es como un mar.
EL VIEJO OBRERO. Sí, no hace más que vencer y vencer.
EL JOVEN OBRERO. Y nosotros somos los vencidos.
LA MUJER. Así es.
EL JOVEN OBRERO. ¡Escuchad cómo gritan! ¡Como si les regalaran algo!
EL VIEJO OBRERO. Se lo están regalando. Un ejército invasor.
EL JOVEN OBRERO. Y a eso lo llaman «plebiscito». *¡Un Pueblo, un Reich, un Führer! ¿No es eso lo que quieres, alemán?* Y nosotros no podemos siquiera distribuir una octavilla en ese plebiscito. Aquí, en la ciudad obrera de Neukölln.
LA MUJER. ¿Por qué no podemos?
EL JOVEN OBRERO. Porque es demasiado peligroso.
EL VIEJO OBRERO. Ahora que incluso Karl se ha ido... ¿Cómo conseguir las direcciones?
EL JOVEN OBRERO. Para redactar el texto nos hace falta un hombre.
LA MUJER, *señalando la radio:* Él tenía cien mil hombres para su agresión. A nosotros nos falta uno. Está bien. Si sólo él tiene lo que necesita, vencerá.
EL JOVEN OBRERO, *irritado:* Entonces tampoco nos hace falta Karl.

LA MUJER. Si ése es el ambiente que hay aquí, más valdrá que nos separemos.
EL VIEJO OBRERO. Compañeros, no tiene sentido hacernos ilusiones. Es indudable que distribuir una octavilla resulta cada vez más difícil. No podemos hacer como si no oyéramos esos aullidos de victoria. *Señala a la radio. A la mujer:* Tienes que reconocer que cada vez que él escucha algo así, debe de tener la sensación de que cada vez son más fuertes. ¿No suenan realmente como *un pueblo?*
LA MUJER. Suenan como veinte borrachos a los que han dado cerveza gratis.
EL JOVEN OBRERO. ¿Quizá seamos los únicos que diremos que no?
LA MUJER. Sí. Nosotros y los que son como nosotros.

La mujer alisa una hojita de papel arrugada.

EL VIEJO OBRERO. ¿Qué es eso?
LA MUJER. La copia de una carta. Con ese ruido, puedo leerla en voz alta.

Lee:

«¡MI QUERIDO HIJO! MAÑANA YA NO EXISTIRÉ. LAS EJECUCIONES SUELEN SER A LAS SEIS DE LA MAÑANA. PERO TE ESCRIBO AÚN PORQUE QUIERO QUE SEPAS QUE MIS OPINIONES NO HAN CAMBIADO. TAMPOCO HE SOLICITADO NINGÚN PERDÓN, PORQUE NO HE COMETIDO NINGÚN CRIMEN. SÓLO HE SERVIDO A MI CLASE. SI PARECE QUE CON ELLO NO HE CONSEGUIDO NADA, NO ES VER-

DAD. ¡CADA UNO EN SU PUESTO, ÉSA DEBE SER LA CONSIGNA! NUESTRA TAREA ES MUY DURA, PERO ES LA MÁS GRANDE QUE EXISTE, LIBRAR A LA HUMANIDAD DE SUS OPRESORES. LA VIDA NO TENDRÁ NINGÚN VALOR HASTA QUE SE LOGRE. SI NO TENEMOS ESO SIEMPRE PRESENTE, TODA LA HUMANIDAD SE HUNDIRÁ EN LA BARBARIE. TÚ ERES TODAVÍA MUY JOVEN, PERO HACE FALTA QUE SEPAS CUÁL ES TU LADO. SÉ FIEL A TU CLASE, Y TU PADRE NO HABRÁ PADECIDO EN VANO SU DURO DESTINO. CUIDA TAMBIÉN DE TU MADRE Y TUS HERMANOS, TÚ ERES EL MAYOR. TIENES QUE SER SENSATO. OS SALUDA A TODOS TU PADRE QUE TE QUIERE».

EL VIEJO OBRERO. No somos demasiado pocos.

EL JOVEN OBRERO. ¿Qué debe decir entonces la octavilla para el plebiscito?

LA MUJER, *pensando:* Lo mejor será una palabra sólo: ¡NO!

Observaciones sobre
Terror y miseria del Tercer Reich

Terror y miseria del Tercer Reich se basa en relatos de testigos y noticias de periódicos.

Las escenas se imprimieron en 1938 para la editorial Malik de Praga pero, por la agresión de Hitler, no pudieron difundirse.

Una adaptación teatral destinada a los Estados Unidos se representó en Nueva York y San Francisco con el título lo *The Private Life of the Master Race* (La vida privada de la raza dominante). Esa versión contiene:

Las escenas 2, 3, 4, 13 y 14 de la parte I;
las escenas 8, 9, 6 y 10 de la parte II, y
las escenas 15, 19, 17, 11, 18, 16, 20 y 24
de la parte III.

El elemento fundamental de los decorados es el clásico tanque del ejército nazi. Aparece cuatro veces: al comienzo, entre las partes y al final. Entre las distintas escenas se oye una voz y el rodar del tanque. Ese rodar se oye también durante las escenas en que se implanta el Terror para llevar a los hombres a los tanques.

Por ejemplo:

Primera parte
De la oscuridad surgen, a los acordes de una bárbara música militar, un gran indicador con el letrero «HACIA POLONIA» y al lado el tanque con una dotación de doce a diecisiete soldados, que sostienen fusiles entre las rodillas, llevan cascos de acero y los rostros blancos como la cal.

Sigue el CORO

Cuando el Führer...
... con su mano de hierro.

Vuelve a oscurecerse la escena. El sordo rodar del tanque se oye todavía unos segundos. Luego la escena se ilumina de nuevo y se ve una escalera. Sobre la escena cuelga, en grandes letras: BRESLAU, SCHUSTERGASSE 2.

Sigue la escena 2

Sigue la voz

Así traicionaba el vecino...
... en nuestros tanques de guerra.

CORO DE LA DOTACIÓN DEL TANQUE

Antes de la primera parte:
Cuando el Führer había puesto orden
en Alemania con mano de acero
ordenó (¡para que no nos desborden!)
que lo impusiéramos al mundo entero.
Muy obedientes a nuestros mayores
quisimos hacer del mundo colonia,
como un rayo fuimos los invasores
de aquella antigua ciudad de Polonia.
Pronto vio Europa los carros de hierro
manchados aún de sangre del Sena.
El Führer nunca cometía un yerro,
su Causa era siempre una Causa buena.

Antes de la segunda parte:
Traición y discordia han sido la causa.
Los tanques no pueden dejar de rodar.
La discordia continúa hoy, sin pausa,
la traición abre puertas de par en par.
Los tanques avanzan siempre victoriosos
hacia el Sund danés y mucho más allá
y los pueblos que no quieren ser gloriosos
caen bajo Hitler, que avanzando va.
Lo que antes sufriera la tierra alemana
lo sufre ahora Europa aplastada.
De costa a costa reina soberana,
con el nuevo orden, esa cruz gamada.

Antes de la tercera parte:
Los tanques los hizo Krupp allí abajo
y Thyssen les puso luego las cadenas.
Los hombres hacían muy bien su trabajo
y los doce nobles no pasaron penas.

Después de la tercera parte:
Al tercer invierno se nos averiaron
y de pronto se detuvo la conquista.
Nos dio mucho miedo cuando nos miraron
pues la Patria no estaba ya a la vista.
Muy lejos habíamos ido hacia el Este
y la nieve cubría nuestros laureles.
Habíamos llegado a un país agreste
no servían ya los tanques de corceles.
Quien era vencido nos vence en la brecha,
quien estaba muerto golpea mortal.
Tenemos la muerte a izquierda y derecha,
la Patria está lejos y el frío es glacial.

LA VOZ

Después de la escena 2:
Así traicionaba el vecino al vecino,
así se despedazaban las gentes humildes
y la hostilidad creció en las casas y los barrios
y nosotros entramos con paso seguro
y cargamos en nuestros tanques
a todo el que no había muerto:
a todo ese pueblo de traidores y traicionados
lo cargamos en nuestros tanques de guerra.

Después de la escena 3:
De las fábricas y las cocinas y las oficinas del subsidio
sacamos las dotaciones de nuestros tanques.
El pobre trajo a nuestros tanques al pobre.
Con besos de Judas los trajimos a nuestros tanques,
con amistosas palmadas en la espalda
los trajimos a nuestros tanques de guerra.

Después de la escena 4:
La discordia del pueblo nos hizo grandes.
Nuestros presos seguían pegándose en los campos de concentración
y luego todos se subían a nuestros tanques.
Los presos se subían a nuestros tanques.
Y los guardianes se subían a nuestros tanques.
Los torturados y los torturadores
todos se subieron a nuestros tanques de guerra.

Después de la escena 13:
Abrumamos a los buenos obreros con elogios
y los abrumamos con amenazas.
Pusimos flores en sus puestos de trabajo
y hombres de las SS a la salida.
Entre salvas de aplausos y salvas de fusil
los cargamos en nuestros tanques.

Antes de la escena 8:
Estrechando contra sí a sus hijos
las madres de Bretaña miran estupefactas al cielo
para ver los inventos de nuestros sabios.
Porque hay también sabios en nuestros tanques,

alumnos del tristemente célebre Einstein.
Sin duda formados por el Führer con educación de hierro
para saber qué es la ciencia aria.

Antes de la escena 9:
Hay también un médico en los tanques
que decide cuáles son las mujeres de los mineros polacos
que deben ir al burdel de Cracovia.
Y lo hace bien y sin cumplidos
recordando cómo perdió a su mujer
que era judía y fue también enviada
porque la raza dominante debe aparearse con cuidado
y es el Führer quien decide quién yace con quién.

Antes de la escena 6:
Y hay también jueces en nuestros tanques
hábiles en tomar rehenes, seleccionando cientos de víctimas
acusados de ser franceses
y culpables de amar a su país
porque nuestros jueces son expertos en Derecho alemán
y saben lo que se espera de ellos.

Antes de la escena 10:
Y hay también un maestro en nuestros tanques,
capitán ahora, con sombrero de acero
que da sus clases
a los pescadores de Noruega y los viticultores de Champaña

porque un día, hace siete años,
pasado ya pero olvidado nunca,
en el seno de su familia aprendió
a odiar a los espías
y allí donde llegábamos, azuzábamos al padre contra el hijo
y al amigo contra el amigo
y sólo vivimos en otros países
como habíamos vivido en nuestro propio país.

Antes de la escena 19:
Y no hay más negocio que el nuestro
y nadie sabe desde cuándo nos pertenece.

Antes de la escena 17:
Y llegamos, muertos de hambre como la langosta,
y devoramos países enteros en una semana
porque tenemos cañones en lugar de manteca
y en nuestro pan cotidiano hace tiempo que mezclamos salvado.

Antes de la escena 11:
Y adondequiera que llegamos no están seguras las madres, ni los hijos,
porque no hemos perdonado a nuestros propios hijos.

Antes de la escena 18:
Y el trigo en el granero no está seguro de nosotros
ni la vaca en el establo
porque nos quitaron nuestro propio ganado.

Antes de la escena 16:
Y les quitamos los hijos y las hijas
y les arrojamos patatas por compasión
y tienen que gritar «¡Heil Hitler!» como nuestras madres
como si estuvieran empalados.

Antes de la escena 20:
Y no hay más Dios
que Adolfo Hitler.

Antes de la escena 24:
Y sometimos a los pueblos extranjeros
como habíamos sometido a nuestro propio pueblo.

Los fusiles de la señora Carrar

Sobre una idea de J. M. Synge
Colaboradora: M. Steffin

PERSONAJES

Teresa Carrar, mujer de pescador. José, su hijo menor. El obrero Pedro Jaqueras, hermano de Teresa Carrar. El herido. Manuela. El cura. La anciana señora Pérez. Dos pescadores. Mujeres. Niños.

Una noche de abril de 1937, en una casa de pescadores andaluces. En un rincón de la habitación blanqueada, un gran crucifijo negro. Teresa Carrar, mujer de pescador de cuarenta y tantos años, está cociendo pan. Junto a la ventana abierta, José, su hijo de quince años, está tallando un taco para las redes. Lejano retumbar de cañones.

LA MADRE. ¿Ves todavía la barca de Juan?
EL MUCHACHO. Sí.
LA MADRE. ¿Sigue encendida su lámpara?
EL MUCHACHO. Sí.
LA MADRE. ¿No se le ha unido ninguna otra embarcación?
EL MUCHACHO. No.

Pausa.

La madre. Eso me extraña. ¿Por qué no hay ningún otro fuera?
El muchacho. Lo sabes.
La madre, *pacientemente:* Si te lo pregunto es porque no lo sé.
El muchacho. Salvo Juan, no hay nadie fuera, porque ahora tienen otras cosas que hacer en lugar de pescar.
La madre. Vaya.

Pausa.

El muchacho. Y tampoco Juan estaría fuera si dependiera de él.
La madre. Eso es. No depende de él.
El muchacho, *tallando con fuerza:* No.

La madre mete la masa en el horno, se limpia las manos y coge una red de pesca para remendarla.

El muchacho. Tengo hambre.
La madre. Tú tienes algo en contra de que tu hermano salga a pescar.
El muchacho. Porque eso podría hacerlo también yo y Juan debería estar en el frente.
La madre. Creía que querías ir tú también...

Pausa.

El muchacho. ¿Conseguirán los barcos con víveres forzar el bloqueo inglés?
La madre. En cualquier caso, cuando el pan esté cocido no me quedará harina ya.

El muchacho cierra la ventana.

LA MADRE. ¿Por qué cierras la ventana?
EL MUCHACHO. Son las nueve.
LA MADRE. ¿Y qué?
EL MUCHACHO. A las nueve volverá a hablar ese perro por radio y los Pérez encenderán su aparato.
LA MADRE, *suplicante:* Por favor, ¡vuelve a abrir enseguida la ventana! No puedes ver bien si encendemos la luz aquí dentro y la ventana refleja.
EL MUCHACHO. ¿Por qué tengo que quedarme aquí sentado vigilando? No se te escapará. Sólo tienes miedo de que se vaya al frente.
LA MADRE. ¡No seas descarado! Ya es suficientemente triste que tenga que vigilaros.
EL MUCHACHO. ¿Qué quieres decir con eso de «vigilaros»?
LA MADRE. No eres mejor que tu hermano. Quizá peor.
EL MUCHACHO. Ponen la radio sólo por nosotros. Es ya la tercera noche. Ayer vi cómo abrían a propósito la ventana, para que la oyéramos.
LA MADRE. Esos discursos no son distintos de los de Valencia.
EL MUCHACHO. ¿Por qué no dices que son mejores?
LA MADRE. Sabes muy bien que no me parecen mejores. ¿Por qué tendría que estar a favor de los generales? Yo estoy en contra del derramamiento de sangre.
EL MUCHACHO. ¿Y quién empezó? ¿Acaso fuimos nosotros?

La madre guarda silencio. El muchacho ha vuelto a abrir la ventana. Se oye a lo lejos un comunicado de radio: «¡Atención, atención! ¡Habla el Excelentísimo Señor General Queipo de Llano!». Luego se oye fuerte y clara en la noche la voz del general de la radio, que pronuncia su discurso de todas las noches dirigido al pueblo español.

VOZ DEL GENERAL. Un día de éstos, amigos, tendremos que hablar en serio. Y hablaremos en Madrid, aunque quizá lo que tengamos alrededor no se parezca ya a Madrid. El arzobispo de Canterbury tendrá motivo para derramar sus lágrimas de cocodrilo. ¡Nuestros valientes moros tendrán muchas cuentas que ajustar!
EL MUCHACHO. ¡Qué cerdo!
VOZ DEL GENERAL. Amigos, el llamado Imperio británico, ese coloso de pies de arcilla, no nos podrá impedir destruir la capital de un pueblo perverso que se atreve a enfrentarse con la irresistible causa nacional. ¡Barreremos a esa chusma de la faz de la tierra!
EL MUCHACHO. Es decir, a nosotros, madre.
LA MADRE. Nosotros no somos agitadores ni nos enfrentamos con nadie. Si fuera por vosotros, probablemente lo haríais. Tú y tu hermano sois por naturaleza irresponsables. Os viene de vuestro padre, y quizá no me gustaría que fuese de otro modo. Pero esto de ahora no es una broma: ¿no oyes esos cañones? Somos pobres, y los pobres no pueden permitirse la guerra.

Llaman a la puerta. Entra el obrero Pedro Jaqueras, hermano de Teresa Carrar. Se ve que ha caminado mucho.

EL OBRERO. ¡Buenas noches!
EL MUCHACHO. ¡Tío Pedro!
LA MADRE. ¿Qué te trae por aquí, Pedro? *Le da la mano.*
EL MUCHACHO. ¿Vienes de Motril, tío Pedro? ¿Cómo van las cosas allá?
EL OBRERO. No muy bien. ¿Y cómo os va a vosotros aquí?
LA MADRE, *reservada*: Vamos tirando.
EL MUCHACHO. ¿Has salido hoy de allí?
EL OBRERO. Sí.
EL MUCHACHO. Son cuatro horas largas, ¿no?
EL OBRERO. Más, porque las carreteras están llenas de refugiados que quieren ir a Almería.
EL MUCHACHO. ¿Pero Motril resiste?
EL OBRERO. No sé qué habrá pasado hoy. Ayer noche resistíamos aún.
EL MUCHACHO. Entonces, ¿por qué te fuiste?
EL OBRERO. Necesitamos muchas cosas para el frente. Pensé que quería veros otra vez.
LA MADRE. ¿Quieres un vaso de vino? *Trae vino.* El pan no estará hasta dentro de media hora.
EL OBRERO. ¿Dónde está Juan?
EL MUCHACHO. Pescando.
EL OBRERO. ¿De veras?
EL MUCHACHO. Puedes ver su lámpara desde la ventana.
LA MADRE. Hay que vivir.
EL OBRERO. Claro. Cuando venía por la calle oí la voz del general de la radio. ¿Quién lo escucha aquí?
EL MUCHACHO. Son los Pérez de ahí enfrente.
EL OBRERO. ¿Ponen siempre la radio para oír eso?
EL MUCHACHO. No. No son franquistas ni lo hacen porque les guste, si es eso lo que crees.

EL OBRERO. ¿Ah no?

LA MADRE, *al muchacho:* ¿Sigues vigilando a tu hermano?

EL MUCHACHO *vuelve de mala gana a la ventana:* Estate tranquila. No se ha caído de la barca.

El obrero coge su jarro de vino y se sienta junto a su hermana, y se pone a ayudarla a remendar la red.

EL OBRERO. ¿Cuántos años tiene Juan ahora?
LA MADRE. Veintiuno en septiembre.
EL OBRERO. ¿Y José?
LA MADRE. ¿Tienes algo especial que hacer por aquí?
EL OBRERO. Nada especial.
LA MADRE. Hacía tiempo que no venías.
EL OBRERO. Dos años.
LA MADRE. ¿Cómo está Rosa?
EL OBRERO. Reúma.
LA MADRE. Creí que vendría alguna vez.
EL OBRERO. Tal vez Rosa estaba un poco molesta por lo del funeral de Carlos.

La madre guarda silencio.

Pensaba que hubierais podido decírnoslo. Naturalmente, hubiéramos venido al funeral de tu marido, Teresa.

LA MADRE. Todo fue muy rápido.
EL OBRERO. ¿Qué fue?

La madre guarda silencio.

EL MUCHACHO. Una bala en el pulmón.
EL OBRERO, *asombrado:* ¿Cómo?
LA MADRE. ¿Cómo que «cómo»?
EL OBRERO. Pero si aquí, hace dos años, todo estaba tranquilo.
EL MUCHACHO. Pero en Oviedo fue la rebelión.
EL OBRERO. ¿Y cómo estaba Carlos en Oviedo?
LA MADRE. Se fue allí.
EL OBRERO. ¿Desde aquí?
EL MUCHACHO. Sí, cuando los periódicos hablaron de la rebelión.
LA MADRE, *amargamente:* Lo mismo que otros se van a América, para jugárselo todo a una carta. Como hacen los locos.
EL MUCHACHO, *poniéndose de pie:* ¿Quieres decir que era un loco?

Ella, en silencio, deja a un lado la red con manos temblorosas, y sale.

EL OBRERO. ¿Fue muy duro para ella, no?
EL MUCHACHO. Sí.
EL OBRERO. Debió de ser un golpe no verlo más...
EL MUCHACHO. Lo vio todavía, porque volvió. Pero eso fue lo peor de todo. Allí arriba, en Asturias, consiguió al parecer tomar el tren de algún modo, con un vendaje de urgencia en el pecho, bajo la blusa, y volvió aquí. Tuvo que cambiar dos veces de tren y murió en esta estación. Y aquí, una noche, se abrió de pronto la puerta

y entraron las vecinas, como cuando traen a un ahogado, y se pusieron contra la pared, sin decir palabra, farfullando avemarías. Luego lo entraron sobre una lona y lo dejaron en el suelo. Y desde entonces ella va a la iglesia. Y a la maestra, de la que se sabía que era una roja, la echó a la calle.

EL OBRERO. ¿Se ha vuelto realmente beata?

EL MUCHACHO, *asiente:* Juan cree que fue sobre todo porque los vecinos hablaban de ella.

EL OBRERO. ¿Y qué decían?

EL MUCHACHO. Que fue ella quien le aconsejó.

EL OBRERO. ¿Y es verdad?

El muchacho se encoge de hombros.
La madre vuelve, mira el pan y vuelve a sentarse junto a la red.

LA MADRE, *al obrero, que quiere ayudarla otra vez:* Deja, es mejor que te bebas el vino y descanses, si llevas andando desde esta mañana temprano.

El obrero coge el jarro de vino y vuelve a la mesa.

LA MADRE. ¿Quieres dormir aquí?

EL OBRERO. No. No tengo mucho tiempo, tengo que volver hoy mismo, pero me lavaré. *Sale.*

LA MADRE, *llamando al muchacho con un gesto:* ¿No te ha dicho para qué ha venido?

EL MUCHACHO. No.

LA MADRE. ¿De veras que no?

Vuelve el obrero con una palangana y una toalla; se lava.

LA MADRE. ¿Viven aún los viejos López?
EL OBRERO. Sólo él. *Al muchacho:* Muchos de aquí se han ido al frente, ¿no?
EL MUCHACHO. Algunos están todavía aquí.
EL OBRERO. Con nosotros hay un montón de los muy católicos.
EL MUCHACHO. De aquí también hay algunos.
EL OBRERO. ¿Tienen todos fusiles?
EL MUCHACHO. No. No todos.
EL OBRERO. Mala cosa. Los fusiles son ahora lo más necesario. ¿No tenéis todavía fusiles en el pueblo?
LA MADRE, *rápidamente:* ¡No!
EL MUCHACHO. Hay gente que los ha escondido. Los entierran como patatas.

La madre mira al muchacho.

EL OBRERO. Ah.

El muchacho se aparta despacio de la ventana y se escabulle hacia el fondo.

LA MADRE. ¿Adónde vas?
EL MUCHACHO. A ninguna parte.
LA MADRE. ¡Vuelve a la ventana!

El muchacho se queda obstinadamente al fondo.

EL OBRERO. ¿Qué pasa?
LA MADRE. ¿Por qué te has quitado de la ventana? ¡Respóndeme!
EL OBRERO. ¿Hay alguien fuera?
EL MUCHACHO, *roncamente:* No.

Se oyen fuera voces de niños que gritan.

VOCES DE NIÑOS
Juan no quiere ser soldado
porque está muy asustado.
Juan, que es tonto y un cagón,
se ha escondido en el colchón.

Aparecen en la ventana tres rostros infantiles.

LOS NIÑOS. ¡Buh! Se van corriendo.
LA MADRE *se levanta; va hacia la ventana:* ¡Como os coja os voy a poner el culo morado, mocosos! *Se vuelve hacia el cuarto:* ¡Son otra vez los Pérez!

Pausa.

EL OBRERO. Antes jugabas a las cartas, José. ¿Echamos una partidita?

La madre se sienta junto a la ventana. El muchacho saca la baraja y empiezan a jugar.

EL OBRERO. ¿Sigues haciendo trampas?
EL MUCHACHO, *riéndose:* ¿Es que las hacía antes?

EL OBRERO. A mí me parecía que sí. De todas formas, cortaré yo. Así que ¡todo vale! En la guerra vale todo, ¿no?

La madre levanta la vista desconfiada.

EL MUCHACHO. Esa baza no es tuya.
EL OBRERO. Gracias por decírmelo... ¡Ah, y ahora tienes el as de triunfo! Me has hecho polvo, pero ¿no te ha salido un poco caro? Has disparado tu artillería pesada y ahora vienen mis pequeñas fuerzas. *Le gana.* ¡Te está bien empleado! Eres atrevido, pero no lo bastante prudente.
EL MUCHACHO. Quien no se arriesga no pasa la mar.
LA MADRE. Esos refranes se los enseñó su padre. «Quien mucho vale mucho arriesga.» ¿No?
EL OBRERO. Sí, arriesga nuestro pellejo. Don Miguel de Ferrante perdió una vez setenta campesinos de golpe, jugando con un coronel. Se arruinó el pobre, y tuvo que arreglárselas el resto de su vida con sólo doce criados... ¡Y ahora se juega el as de espadas!
EL MUCHACHO. Tenía que jugármelo. *Gana la baza.* Era mi única posibilidad.
LA MADRE. Son así. Su padre saltaba de la barca cuando se le enganchaba la red.
EL OBRERO. A lo mejor no tenía muchas redes.
LA MADRE. Tampoco tenía muchas vidas.

Aparece en la puerta un hombre en uniforme de miliciano con la cabeza vendada y el brazo en cabestrillo.

LA MADRE. ¡Entra, Pablo!

EL HERIDO. Me dijo que volviera por el vendaje, señora Carrar.

LA MADRE. ¡Está otra vez totalmente empapado!

Sale corriendo.

EL OBRERO. ¿Dónde te pasó?

EL HERIDO. En Monte Solluve.

La madre vuelve con una camisa, que hace pedazos. Cambia el vendaje, pero sin perder de vista a los de la mesa.

LA MADRE. ¡Has vuelto a trabajar!

EL HERIDO. Sólo con el brazo derecho.

LA MADRE. Te dijeron que no debías.

EL HERIDO. Sí, sí... Dicen que esta noche romperán el frente. Ya no tenemos reservas. Tal vez lo hayan roto ya...

EL OBRERO, *inquieto:* No, eso no creo. Se oirían de otro modo los cañonazos.

EL HERIDO. ¡Eso es verdad!

LA MADRE. ¿Te hago daño? Dímelo. No soy enfermera. Trato de hacerlo lo más suavemente posible.

EL MUCHACHO. En Madrid no pasarán.

EL HERIDO. Eso no se sabe.

EL MUCHACHO. Sí, se sabe.

EL HERIDO. Bueno. ¡Pero ha vuelto usted a destrozar una camisa entera, señora Carrar! No hubiera debido hacerlo.

La madre. ¿Quieres que te vende con un trapo de fregar?

El herido. A vosotros no os sobra mucho.

La madre. Mientras que dura, vida y dulzura. Bueno, para el otro brazo no bastaría.

El herido, *riéndose:* ¡Entonces tendré que tener más cuidado la próxima vez! *Se levanta; al obrero:* ¡Con tal de que no pasen esos perros! *Sale.*

La madre. ¡Esos cañonazos!

El muchacho. Y nosotros, de pesca.

La madre. Podéis estar contentos de estar todavía enteros.

Se oye fuera, aumentando y disminuyendo, ruido de camiones y de cantos. El obrero y el muchacho se acercan a la ventana y miran afuera.

El obrero. Son las Brigadas Internacionales. Las llevan ahora al frente, a Motril.

Se oye el estribillo de la Columna Thälmann: «La patria está lejos...».

El obrero. Ésos son los alemanes.

Se oyen unos compases de «La Marsellesa.»

El obrero. Los franceses.

La «Warschawjanka.»

EL OBRERO. Los polacos.

«Bandiera Rossa.»

EL OBRERO. Los italianos.

«Hold the Fort.»

EL OBRERO. Los americanos.

«Los cuatro generales.»

EL OBRERO. Y ésos son los nuestros.

Se apaga el ruido de camiones y cantos. El obrero y el muchacho vuelven a la mesa.

EL OBRERO. De esta noche depende... Realmente, tengo que marcharme. Ésa ha sido la última, José.
LA MADRE, *acercándose a la mesa:* ¿Quién ha ganado?
EL MUCHACHO, *con orgullo:* Él.
LA MADRE. Entonces, ¿no te preparo la cama?
EL OBRERO. No, tengo que irme. *Sin embargo, sigue sentado.*
LA MADRE. Recuerdos a Rosa. Y que no me guarde rencor. Ninguno sabemos qué pasará aún.
EL MUCHACHO. Te acompaño un trecho.
EL OBRERO. No hace falta.

La madre, de pie, mira por la ventana.

LA MADRE. ¿Te hubiera gustado ver también a Juan?
EL OBRERO. Sí, me hubiera gustado. Pero no volverá tan pronto, ¿no?
LA MADRE. Está bastante lejos. Debe de estar casi en el cabo. *Volviéndose hacia el cuarto:* Podríamos ir a buscarlo.

Aparece en la puerta una muchacha.

EL MUCHACHO. ¡Hola, Manuela! *En voz baja, al obrero:* Es Manuela, la amiga de Juan. *A la muchacha:* Éste es el tío Pedro.
LA MUCHACHA. ¿Dónde está Juan?
LA MADRE. Juan trabaja.
LA MUCHACHA. Creíamos que lo había mandado al parvulario, a jugar a la pelota.
LA MADRE. No, ha ido a pescar. Juan es pescador.
LA MUCHACHA. ¿Por qué no ha venido a la reunión de la escuela? Allí había también pescadores.
LA MADRE. No se le había perdido nada.
EL MUCHACHO. ¿Qué reunión era ésa?
LA MUCHACHA. Se decidió que todos los que pudieran se irían esta noche mismo al frente. Pero ya sabéis de qué se trataba. Se lo dijimos a Juan.
EL MUCHACHO. ¡No puede ser! ¡Juan no se hubiera ido nunca a pescar! ¿O es que te lo dijeron a ti, madre?

La madre guarda silencio.
Está totalmente metida en el horno.

EL MUCHACHO. ¡No se lo dijo! *A su madre:* ¡Ahora sé también por qué lo mandaste a pescar!

EL OBRERO. No debías haber hecho eso, Teresa.

LA MADRE, *enderezándose:* Dios ha dado a cada hombre su oficio. Mi hijo es pescador.

LA MUCHACHA. ¿Quiere dejarnos en ridículo delante de todo el pueblo? Vaya donde vaya me señalan con el dedo. Sólo el nombre de Juan me pone ya enferma. ¿Qué clase de gente sois?

LA MADRE. Gente pobre.

LA MUCHACHA. El Gobierno ha ordenado a todos los hombres capaces de luchar que tomen las armas. ¡No me diga que no lo ha leído!

LA MADRE. Lo he leído. Gobierno por aquí y Gobierno por allá. Nos quieren llevar al matadero. Pero no por eso llevaré yo a mis hijos en un carro al matadero.

LA MUCHACHA. ¡No! Esperará hasta que los pongan contra el paredón. Nunca he visto estupidez igual. La gente como usted tiene la culpa de que hayamos llegado a esto y de que ese cerdo de Queipo de Llano se atreva a hablarnos así.

LA MADRE, *débilmente:* No permito que en mi casa se hable de esa forma.

LA MUCHACHA, *fuera de sí:* ¡Por fin está con los generales!

EL MUCHACHO, *algo impaciente:* ¡No! Pero no quiere que luchemos.

EL OBRERO. ¿Ella quiere ser neutral, no?

LA MADRE. Sé que queréis convertir mi casa en una cueva de conspiradores. ¡Hasta que no veáis a Juan contra el paredón, no me dejaréis en paz!

LA MUCHACHA. Y de usted se dice que ayudó a su marido cuando se fue a Oviedo.

LA MADRE, *en voz baja:* ¡Cállese! ¡Nunca ayudé a mi marido! ¡No iba a hacer una cosa así! ¡Sé que me culpan de eso, pero son mentiras! ¡Cochinas mentiras! Lo saben todos.

LA MUCHACHA. Eso no quiere decir que la culparan de nada, señora Carrar. Lo decían con el mayor respeto. Todos los del pueblo sabíamos que Carlos Carrar fue un héroe. Pero que para ello tuvo que escaparse de casa por la noche lo sabemos ahora.

EL MUCHACHO. Mi padre no tuvo que escaparse de noche de casa, Manuela.

LA MADRE. Tú cállate, José.

LA MUCHACHA. Dígale a su hijo que no quiero saber nada más de él. Y que no necesita dar un rodeo cuando me vea, de miedo a que le pregunte cómo no está aún donde debe estar. *Sale.*

EL OBRERO. No hubieras debido dejarla irse así. En otro tiempo no lo hubieras hecho, Teresa.

LA MADRE. Yo soy la misma que he sido siempre. Probablemente se apostaron que llevarían a Juan al frente. De todas formas, voy a llamarlo. ¡O si no, llámalo tú, José! No, espera, iré yo. Estaré de vuelta enseguida. *Sale.*

EL OBRERO. José, tú no tienes nada de tonto y no hay que explicártelo con detalle. De modo que ¿dónde están?

EL MUCHACHO. ¿El qué?

EL OBRERO. ¡Los fusiles!

EL MUCHACHO. ¿De mi padre?

EL OBRERO. Tienen que estar aún aquí. No pudo subir al tren con todo eso cuando se fue.

EL MUCHACHO. ¿Has venido para llevártelos?

EL OBRERO. ¿Para qué si no?
EL MUCHACHO. Ella no te los dará nunca. Los ha escondido.
EL OBRERO. ¿Dónde?

El muchacho señala un rincón. El obrero se levanta y va a dirigirse allí, cuando se oyen pasos.

Volviendo a sentarse deprisa: ¡Silencio ahora!

Entra la madre con el cura. Es un hombre alto y fuerte, de sotana muy raída.

LA MADRE. Éste es mi hermano de Motril, padre.
EL CURA. Me alegro de conocerlo. *A la madre:* La verdad es que tengo que disculparme por pedirle otra cosa. ¿Podría echar mañana al mediodía una ojeada a los Turillos? Ahora están los niños solos también, porque la Turillo se ha ido al frente a ver a su marido.
LA MADRE. Lo haré con mucho gusto.
EL CURA, *al obrero:* ¿Qué le trae por aquí? He oído decir que las comunicaciones con Motril son ya muy difíciles...
EL OBRERO. Aquí todo está aún tranquilo, ¿no?
EL CURA. ¿Cómo? Sí.
LA MADRE. Creo que el padre te había preguntado algo, Pedro. ¿Qué te ha traído por aquí?
EL OBRERO. Quería ver otra vez a mi hermana.
EL CURA, *mirando a la madre animadoramente:* Ha hecho bien en venir a verla. Como se habrá dado cuenta, no lleva una vida fácil.

EL OBRERO. Espero que sea una buena feligresa.
LA MADRE. Tiene que tomar un vaso de vino. El padre se preocupa por todos los niños que tienen a sus padres en el frente. Habrá estado todo el día de un lado a otro... *Le pone al cura un jarro de vino.*
EL CURA, *sentándose, coge el jarro:* Lo que me gustaría saber es quién me dará otro par de zapatos.

En ese momento comienza otra vez la radio de los Pérez. La madre va a cerrar la ventana.

EL CURA. ¡Déjala abierta, señora Carrar! Me han visto entrar aquí. Me reprochan que no esté en las barricadas, y por eso me hacen oír de cuando en cuando uno de esos discursos.
EL OBRERO. ¿Le molestan mucho?
EL CURA. Sí, para ser sincero. Pero puede dejar la ventana abierta.
VOZ DEL GENERAL. ... pero conocemos las sucias mentiras con que esos señores tratan de ensuciar la causa nacional. Es verdad que no pagamos al arzobispo de Canterbury tan bien como los rojos, pero en cambio podríamos citarle diez mil sacerdotes a quienes sus queridos amigos han cortado el cuello. Hay que decirle a ese señor, aunque no le demos ningún cheque, que el ejército nacional, en su avance victorioso, ha encontrado muchas bombas y depósitos de fusiles, pero nunca un cura que hayan dejado vivo.

El obrero tiende al cura su paquete de cigarrillos. El cura coge uno sonriendo, aunque no fuma.

Pero es una suerte que una causa justa sepa vencer también sin arzobispos, siempre que pueda contar a cambio con buenos aviones. Con hombres como el general Franco, el general Mola... *La transmisión se interrumpe bruscamente.*

EL CURA, *de buen humor:* ¡Gracias a Dios, ni siquiera los Pérez aguantan más de tres frases! Esos discursos no pueden gustar a nadie.

EL OBRERO. Sin embargo, hemos sabido que el propio Vaticano difunde por el mundo esas mentiras.

EL CURA. Eso no lo sé. *De mala gana:* En mi opinión, no es cosa de la Iglesia hacer creer que lo blanco es negro y lo negro blanco.

EL OBRERO, *mirando al muchacho:* Desde luego que no.

LA MADRE, *rápidamente:* Mi hermano lucha con los milicianos, padre.

EL CURA. ¿De qué sector del frente viene?

EL OBRERO. De Málaga.

EL CURA. ¿La cosas son horribles allí, no?

El obrero fuma en silencio.

LA MADRE. Mi hermano cree que no soy una buena española. Dice que debería dejar que Juan fuera al frente.

EL MUCHACHO. ¡Y yo también! ¡Nuestro puesto está allí!

EL CURA. Ya sabe, señora Carrar, que a mi leal saber y entender considero acertada su postura. El clero bajo apoya en muchas regiones al gobierno legítimo. De las dieciocho diócesis de Bilbao, diecisiete se han declarado a favor del Gobierno. No pocos de mis hermanos están en el frente. Algunos han caído ya. Pero yo no soy en absoluto combatiente. Dios no me ha concedido el don de llamar a mis feligreses, fuerte y claro, a la lucha por... *–busca la palabra–* ... por cualquier cosa que sea. ¡Yo sigo la palabra del Señor! ¡No matarás! No soy rico. No tengo ningún convento y comparto lo poco que tengo con mis feligreses. Eso es quizá lo único que puede dar algún peso a mis palabras en unos tiempos como éstos.

EL OBRERO. Desde luego. Pero la cuestión es saber si no es usted combatiente. Entiéndame. Si, por ejemplo, detiene a un hombre al que están a punto de matar y que quiere defenderse, diciéndole: ¡no matarás!, para que lo maten como a un pollo, quizá esté usted tomando parte en la lucha, quiero decir a su modo. Perdone que se lo diga.

EL CURA. De momento tomo parte en su hambre.

EL OBRERO. ¿Y cómo cree que podremos recobrar ese pan nuestro de cada día que pide en el padrenuestro?

EL CURA. Eso no lo sé, sólo puedo rezar.

EL OBRERO. Entonces quizá le interese que ayer noche Dios hizo que los barcos de víveres se dieran otra vez la vuelta.

EL MUCHACHO. ¿De verdad?... ¡Madre, los barcos se han dado la vuelta!

EL OBRERO. Sí, ésa es la neutralidad. *De pronto:* ¿Usted también es neutral?

EL CURA. ¿Qué quiere decir?

EL MUCHACHO. Bueno, ¡partidario de no intervenir! Y al estar por la no intervención, aprueba en definitiva el baño de sangre que esos generales quieren dar al pueblo español.

EL CURA, *llevándose las manos a la cabeza como para defenderse:* ¡Yo no lo apruebo!

EL OBRERO, *mirándolo con los ojos entrecerrados:* Tenga un momento las manos así. En esa postura, cinco mil de los nuestros tuvieron que salir en Badajoz de sus casas cercadas. Y en esa postura los fusilaron.

LA MADRE. ¿Cómo puedes hablar así, Pedro?

EL OBRERO. Se me ha ocurrido que el gesto con que se desaprueba algo se parece horriblemente al gesto con que uno se rinde, Teresa. He leído a menudo que la gente que se lava las manos con inocencia lo hace en una palangana llena de sangre. Y luego se les ve en las manos.

LA MADRE. ¡Pedro!

EL CURA. Déjelo, señora Carrar. Los ánimos están exaltados en estos tiempos. Todos pensaremos más tranquilamente cuando todo esto haya pasado.

EL OBRERO. ¿Supongo que tendremos que ser borrados de la faz de la tierra, porque somos un pueblo perverso?

EL CURA. ¿Quién dice eso?

EL OBRERO. El general de la radio. ¿No lo ha oído antes? Sigue usted escuchando demasiado poco la radio.

EL CURA, *despreciativo:* Ah, ese general...

EL OBRERO. No diga: ¡Ah, ese general! Ese general ha alquilado a toda la escoria de España para barrernos de la faz de la tierra, por no hablar de moros, italianos y alemanes.

LA MADRE. Eso sí que es una vergüenza, hacer venir a una gente que sólo lucha por dinero.

EL CURA. ¿No cree que también en el otro bando puede haber hombres sinceramente convencidos?

EL OBRERO. No sé de qué pueden estar convencidos.

Pausa.

EL CURA, *sacando su reloj:* Tengo que ir a echar una ojeada aún a los Turillos.
EL OBRERO. ¿No cree usted que la cámara de los diputados, en la que el Gobierno tuvo semejante mayoría, fue elegida con todas las de la ley?
EL CURA. Eso sí que lo creo.
EL OBRERO. Antes, cuando decía eso de detener el brazo de un hombre que se defiende... hablaba literalmente, porque no tenemos mucho más que nuestros brazos desnudos.
LA MADRE, *interrumpiéndolo:* No empieces otra vez con eso, no tiene ningún sentido.
EL CURA. El hombre nace con los brazos desnudos, como todos sabemos. El Creador no lo hace salir del seno materno con un arma en la mano. Conozco la teoría de que toda la miseria del mundo procede de que el pescador y el obrero –creo que usted es obrero– sólo tienen sus brazos desnudos para ganarse el sustento. Pero en las Escrituras no dice en ninguna parte que este mundo sea perfecto. Por el contrario, está lleno de miseria, pecado y opresión. Bendito sea el que, aunque viniera a este mundo, a su pesar, sin armas, puede al menos dejarlo sin armas en la mano.
EL OBRERO. Bien dicho. Y no voy a decir nada contra algo tan bien dicho. Pero me gustaría que impresionara al general Franco. Lo malo es que el general Franco,

armado hasta los dientes como está, no tiene ninguna intención de dejar este mundo. Le rendiríamos todas las armas de España si lo dejara. Sus aviones nos tiran octavillas, las he recogido hoy en Motril, en las calles. *Saca del bolsillo una octavilla. El cura, la madre y el muchacho la leen.*

EL MUCHACHO, *a su madre:* Ya ves, también aquí dicen que lo destruirán todo.

LA MADRE, *leyendo:* No pueden hacerlo.

EL OBRERO. Claro que pueden. ¿Qué opina, padre?

EL MUCHACHO. Sí.

EL CURA, *inseguro:* Creo que, técnicamente, quizá estarían en condiciones de hacerlo. Pero si he entendido bien a la señora Carrar, para ella no es sólo una cuestión de aviones. Pueden amenazar con ello en esas octavillas, para convencer a la población de que la situación es seria, pero llevar a cabo esa amenaza por razones militares es otra cosa muy distinta.

EL OBRERO. No le entiendo muy bien.

EL MUCHACHO. Yo tampoco.

EL CURA, *más inseguro aún:* Creo que he hablado claramente.

EL OBRERO. Sus palabras son claras, pero su sentido no resulta totalmente claro para José ni para mí. ¿Quiere decir que no bombardearán?

Una pequeña pausa.

EL CURA. Yo creo que es una amenaza.

EL OBRERO. ¿Que no cumplirán?

EL CURA. No.

LA MADRE. Tal como yo lo veo, precisamente quieren evitar un baño de sangre, y por eso nos avisan para que levantemos las manos.

EL MUCHACHO. ¡Unos generales que quieren evitar el derramamiento de sangre!

LA MADRE, *tendiéndole la octavilla:* Sin embargo, aquí escriben: respetaremos a quien deponga las armas.

EL OBRERO. Entonces quiero hacerle otra pregunta, padre: ¿usted cree que respetarán a quienes depongan las armas?

EL CURA, *mirando a su alrededor en busca de ayuda:* Dicen que el general Franco insiste siempre en que es cristiano.

EL OBRERO. ¿Eso significa que mantendrá su palabra?

EL CURA, *con energía:* ¡Tendrá que mantenerla, señor Jaqueras!

LA MADRE. Al que no luche no le pasará nada.

EL OBRERO. Padre –*disculpándose*–, no sé cómo se llama...

EL CURA. Francisco.

EL OBRERO, *continuando:* ... Francisco, realmente no quería preguntarle qué debería hacer, en su opinión, el general Franco, sino, en su opinión, qué hará. ¿Comprende la pregunta?

EL CURA. Sí.

EL OBRERO. Comprenda que se lo pregunto como a un cristiano o, mejor dicho: como a un hombre que no tiene ningún convento, como ha dicho usted, y que dirá la verdad cuando se trata de un asunto de vida o muerte. Porque de eso se trata, ¿verdad?

EL CURA, *muy inquieto:* Lo comprendo.

EL OBRERO. Quizá pueda ayudarle a responder, recordándole lo ocurrido en Málaga.

EL CURA. Sé a qué se refiere. Pero ¿está seguro de que en Málaga no hubo resistencia?

EL OBRERO. ¿Sabe que cincuenta mil fugitivos, hombres, mujeres y niños, fueron aniquilados en los doscientos kilómetros de carretera hacia Almería por los disparos de los barcos y las bombas y ametralladoras de las escuadrillas de aviones de Franco?

EL CURA. Eso podría ser una noticia falsa.

EL OBRERO. ¿Como la de los curas fusilados?

EL CURA. Como la de los curas fusilados.

EL OBRERO. ¿Entonces no fueron aniquilados?

El cura guarda silencio.

EL OBRERO. La señora Carrar y sus hijos no levantan la mano contra el general Franco. ¿Están seguros la señora Carrar y sus hijos?

EL CURA. Por lo que humanamente puede juzgarse...

EL OBRERO. ¿Ah sí? ¿Por lo que humanamente puede juzgarse?

EL CURA, *irritado:* ¿No querrá que yo se lo garantice?

EL OBRERO. No. Sólo debe decir lo que opina de verdad. ¿Están seguros la señora Carrar y sus hijos?

El cura guarda silencio.

EL OBRERO. Creo que entendemos su respuesta. Es usted un hombre honrado.

EL CURA, *levantándose confuso:* Entonces, señora Carrar,

¿puedo contar con que cuidará de los niños de los Turillo?

LA MADRE, *igualmente muy afectada:* Les llevaré también algo de comer. Y gracias por su visita.

Sale el cura, saludando con la cabeza al obrero y al muchacho. La madre lo acompaña.

EL MUCHACHO. ¡Ya has oído cómo la convencen siempre! Pero no te vayas sin los fusiles.
EL OBRERO. ¿Dónde están? ¡Deprisa!

Van hacia el fondo, arrastran un arcón y levantan las tablas del suelo.

EL MUCHACHO. ¡Va a volver enseguida!
EL OBRERO. Pondremos los fusiles delante de la ventana. Luego me los llevaré de allí.

Sacan apresuradamente los fusiles de una caja de madera. Una banderita raída que los envolvía cae al suelo.

EL MUCHACHO. ¡Ahí está aún la banderita de entonces! Me asombra que hayas podido estar tan tranquilo, cuando corría tanta prisa.
EL OBRERO. Tenía que tenerlos.

Los dos prueban los fusiles. El muchacho se saca de pronto del bolsillo un gorro, un gorro de miliciano, y se lo pone triunfalmente.

El obrero. ¿De dónde lo has sacado?

El muchacho. Lo he cambiado. *Con una mirada temerosa a la puerta, vuelve a metérselo en el bolsillo.*

La madre, *que ha entrado otra vez:* Vuelve a dejar esos fusiles. ¿Has venido por eso?

El obrero. Sí, los necesitamos, Teresa. No podemos detener a los generales con las manos.

El muchacho. Ya has oído del cura mismo cómo están las cosas.

La madre. Si sólo has venido para conseguir los fusiles, no tienes que aguardar ya a nada. Y si no nos dejáis en paz en esta casa, cogeré a mis hijos y me iré.

El obrero. Teresa, ¿has visto el mapa de nuestro país? Vivimos como sobre un plato roto. Donde está la rotura está el agua, y en el borde del plato están los cañones. Y sobre nosotros, los bombarderos. ¿Adónde quieres huir, si no es hacia los cañones?

Ella se dirige hacia él, le quita de las manos los fusiles y se los lleva en brazos.

La madre. ¡No tendréis esos fusiles, Pedro!

El muchacho. ¡Tienes que dárselos, madre! ¡Aquí sólo se ensuciarán!

La madre. ¡Tú cállate, José! ¿Qué sabes tú?

El obrero se sienta tranquilamente en una silla y enciende un cigarrillo.

El obrero. Teresa, no tienes ningún derecho a quedarte con los fusiles de Carlos.

LA MADRE, *guardando los fusiles:* Con derecho o sin derecho, ¡no os los daré! No podéis venir aquí a levantarme el suelo y a llevaros algo de mi casa sin que yo quiera.

EL OBRERO. No son nada de tu casa. No quiero decirte delante de tu hijo lo que pienso de ti y tampoco hablaremos de lo que pensaría de ti tu marido. Él luchó. Supongo que el miedo por tus hijos te ha hecho perder la cabeza. Pero de eso, naturalmente, no podemos ocuparnos.

LA MADRE. ¿Qué quieres decir?

EL OBRERO. Quiero decir que no me iré sin los fusiles. De eso puedes estar segura.

LA MADRE. Entonces tendrás que matarme.

EL OBRERO. No lo voy a hacer. No soy el general Franco. Sólo hablaré con Juan. Y los tendré.

LA MADRE, *rápidamente:* Juan no va a volver.

EL MUCHACHO. ¡Pero si lo has llamado tú!

LA MADRE. No lo he llamado. No quiero que te vea, Pedro.

EL OBRERO. Me lo imaginaba. Pero yo también tengo voz. Puedo ir al mar y llamarlo. Una frase bastará, Teresa; conozco a Juan. No es un cobarde. No podrás detenerlo.

EL MUCHACHO. Y yo también me iré.

LA MADRE, *muy tranquila:* ¡Deja a mis hijos en paz, Pedro! Les he dicho que me ahorcaré si se van. Sé que es un pecado a los ojos de Dios y que me condenaré eternamente. Pero no puedo hacer otra cosa. Cuando murió Carlos, cuando murió así, fui a ver al cura porque si no me hubiera suicidado. Sabía muy bien que la culpa era también mía, aunque él mismo era el peor, con su apasionamiento y su afición a la violencia. No vivimos muy bien y no es fácil soportar esta vida. Pero con el fusil no se arregla nada. Eso lo comprendí cuando me lo trajeron y lo dejaron en el suelo. No estoy con los generales y es una vergüenza decir eso de mí. Pero si me mantengo tranquila y domino mi pasión, quizá nos perdonen. Es un cálculo sencillo. Lo que pido es muy poco. No quiero volver a ver esa bandera. Ya somos suficientemente desgraciados.

Va en silencio hacia la banderita, la levanta y la rasga. Luego, enseguida, se inclina y vuelve a recoger los pedazos, que se mete en un bolsillo.

EL OBRERO. Sería mejor que te ahorcaras, Teresa.

Llaman a la puerta y entra la señora Pérez, una anciana vestida de negro.

EL MUCHACHO, *al obrero:* La anciana señora Pérez.
EL OBRERO, *a media voz:* ¿Qué clase de gente es?
EL MUCHACHO. Buena gente. Son los de la radio. La semana pasada, su hija cayó en el frente.
LA ANCIANA SEÑORA PÉREZ. He estado esperando a que se fuera el cura, sabe. Quería venir, por mi familia. Quería decirle que no me parece bien que le creen dificultades por su modo de pensar.

La madre guarda silencio.

LA ANCIANA SEÑORA PÉREZ, *que se ha sentado:* Usted tiene miedo por sus hijos, señora Carrar. La gente no piensa nunca en lo difícil que es, en estos tiempos, criar hijos. Yo he tenido siete. *Se vuelve un poco también hacia el obrero, al que no le han presentado:* No han quedado ya tantos, desde que murió Inés. Dos no llegaron a los cinco años. Fueron los años de hambre del noventa y ocho y el noventa y nueve. Andrés no sé dónde está. La última vez me escribió desde Río. En Suramérica. Mariana está en Madrid. Se queja mucho. Nunca fue muy fuerte. Los viejos pensamos siempre que todo lo que ha venido después de nosotros ha sido un poco miserable.

LA MADRE. Pero tienen a Fernando.

LA ANCIANA SEÑORA PÉREZ. Sí.

LA MADRE, *confusa:* Disculpe, no quería molestarla.

LA ANCIANA SEÑORA PÉREZ, *tranquila:* No tiene por qué disculparse. Sé que no quería molestarme.

EL MUCHACHO, *en voz baja al obrero:* Ése está con Franco.

LA ANCIANA SEÑORA PÉREZ, *apaciblemente:* No hablemos de Fernando. *Tras una pequeña pausa:* Sabe, no podrá comprender a mi gente si no tiene en cuenta cómo nos afectó a todos la muerte de Inés.

LA MADRE. Todos queríamos mucho a Inés. *Al obrero:* Enseñó a leer a Juan.

EL MUCHACHO. A mí también.

LA ANCIANA SEÑORA PÉREZ. Dicen que está usted con los del otro bando. Pero yo los contradigo siempre. Nosotros sabemos cuál es la diferencia entre ricos y pobres.

LA MADRE. No quiero que mis hijos sean soldados. No son reses para el matadero.

LA ANCIANA SEÑORA PÉREZ. Sabe, señora Carrar, yo digo siempre: para los pobres no hay seguro de vida. Eso quiere decir que siempre salen malparados, de un modo o de otro. Precisamente a los que salen malparados los llaman pobres. A los pobres, señora Carrar, no hay precaución que los salve. Nuestra Inés fue siempre la más tímida de nuestros hijos. No puede imaginarse lo que le costó a mi marido enseñarle a nadar.

LA MADRE. Yo creo que podría vivir aún.

LA ANCIANA SEÑORA PÉREZ. ¿Cómo?

LA MADRE. ¿Qué necesidad tenía su hija, que era maestra, de coger el fusil y luchar contra los generales?

EL OBRERO. ¡Que incluso están financiados por el Santo Padre!

LA ANCIANA SEÑORA PÉREZ. Ella decía que quería seguir siendo maestra.

LA MADRE. ¿Y eso no podía hacerlo en Málaga en su escuela, con generales o sin generales?

LA ANCIANA SEÑORA PÉREZ. Hablamos de eso con ella. Su padre estuvo siete años sin fumar y sus hermanos no tuvieron una gota de leche en todos esos años, para que ella pudiera hacerse maestra. Y entonces Inés nos dijo que no podía enseñar que dos y dos son cinco y que Franco es un enviado de Dios.

LA MADRE. Si Juan hubiera venido a decirme que estando los generales no podía seguir pescando, le hubiera abierto los ojos. ¿Cree usted que los acaparadores no nos arrancarán la piel cuando nos hayamos deshecho de los generales, eh?

EL OBRERO. Creo que quizá les resultaría más difícil si tuviéramos los fusiles.

LA MADRE. ¿Entonces, otra vez los fusiles? Habrá que seguir disparando.

EL OBRERO. ¿Quién dice eso? Si los tiburones te atacan, ¿eres tú quien habrá utilizado la violencia? ¿Fuimos nosotros los que marchamos sobre Madrid o es el general Mola quien ha venido hasta nosotros atravesando montañas? Durante dos años hubo algo de luz, una luz muy débil, ni siquiera de amanecer, pero ahora se va a hacer otra vez de noche. Y ni siquiera eso será todo. Las maestras no podrán ya enseñar a los niños que dos y dos son cuatro, y serán exterminadas si alguna vez lo han dicho. ¿No le oíste decir esta noche que debíamos ser barridos de la faz de la tierra?

LA MADRE. Sólo los que hayan empuñado las armas. No podéis meteros todos conmigo. No puedo pelearme con todos. Mis hijos me miran como si fuera un policía. Cuando se acaba la harina, leo en sus rostros que la culpa es mía. Y cuando aparecen los aviadores, apartan la vista como si los hubiera enviado yo. ¿Por qué calla el padre, cuando debería hablar? Me consideran loca porque creo que los generales son seres humanos, ¡muy malos pero no un terremoto con el que no se pueda razonar! ¿Por qué viene a mi casa, señora Pérez, a contarme todo eso? ¿Cree que yo misma no sé todo eso que dice? ¡Su hija ha muerto y ahora les toca a los míos! ¿Eso es lo que quiere, no? Usted entra en mi casa como un cobrador de impuestos, pero yo ya he pagado.

LA ANCIANA SEÑORA PÉREZ, *levantándose:* Señora Carrar, no quería enfurecerla. No opino, como mi marido, que habría que obligarla. Teníamos muy buena opinión de su marido y quería pedirle disculpas de que mi gente la molestara.

Sale, saludando con la cabeza al obrero y al muchacho. Pausa.

LA MADRE. Lo peor es que, con su obstinación, me hacen decir cosas que no pienso. Yo no estoy en contra de Inés.

EL OBRERO, *furioso:* ¡Claro que estás contra Inés! ¡Al no ayudarla, estuviste contra ella! También dices que no estás con los generales. Y eso tampoco es cierto, lo sepas o no. Si no nos ayudas contra ellos, estás con ellos. ¡No puedes ser neutral, Teresa!

EL MUCHACHO, *dirigiéndose de pronto a ella:* ¡Vamos, madre, no te servirá de nada! *Al obrero:* Ahora se ha sentado sobre los fusiles para que no podamos cogerlos. ¡Dánoslos, madre!

LA MADRE. ¡Límpiate los mocos, José!

EL MUCHACHO. Madre, ¡quiero irme con el tío Pedro! No esperaré aquí a que nos maten como cerdos. ¡No puedes prohibirme luchar como me prohibiste fumar! Felipe, que no es ni la mitad de bueno tirando piedras, se ha ido ya, y Andrés, un año más joven que yo, ha caído. ¡No dejaré que se ría de mí el pueblo entero!

LA MADRE. Sí, lo sé. El pequeño Pablo le prometió a un camionero su topo muerto si lo llevaba al frente. Es ridículo.

EL OBRERO. No es ridículo.

EL MUCHACHO. Dile a Ernesto Turillo que puede quedarse con mi barca... ¡Vamos, tío Pedro! *Se dispone a irse.*

LA MADRE. ¡Tú te quedas!

EL MUCHACHO. ¡No, me voy! Puedes decir que necesitas a Juan, pero entonces no me necesitas a mí también.

LA MADRE. No retengo a Juan porque tenga que pescar para mí. ¡Y a ti no te dejaré marchar! *Corre hacia él y lo abraza.* Puedes fumar si quieres, y si quieres ir a pescar solo no te diré nada, ¡y también con la barca de padre!

EL MUCHACHO. ¡Suéltame!

LA MADRE. ¡No, tú te quedas aquí!

EL MUCHACHO, *soltándose:* ¡No, me voy!... ¡Deprisa, coge los fusiles, tío!

LA MADRE. ¡Ay!

Suelta al muchacho y se va cojeando, apoyando el pie con cuidado.

EL MUCHACHO. ¿Qué te pasa?

LA MADRE. ¿Qué te importa lo que me pasa? ¡Vete! En cualquier caso, has vencido a tu madre.

EL MUCHACHO, *desconfiado:* Ni siquiera he luchado contigo. No puede haberte pasado nada.

LA MADRE, *dándose masaje en el pie:* ¡No, vete!

EL OBRERO. ¿Quieres que te lo ponga en su sitio?

LA MADRE. ¡No, tienes que irte! ¡Vete de mi casa! ¿Empujas a mis hijos a atacarme?

EL MUCHACHO, *furioso:* ¡Que la he atacado! *Sale, pálido de rabia, por el fondo.*

LA MADRE. ¡Te convertirás en un delincuente! ¿Por qué no me quitáis también el último pan del horno? ¡Podríais atarme a la silla con una cuerda! ¡Al fin y al cabo sois dos!

EL OBRERO. Déjate de tonterías, ¿quieres?
LA MADRE. También Juan está loco, ¡pero nunca utilizaría la fuerza contra su madre! ¡Os ajustará las cuentas cuando venga! ¡Juan!

De pronto se levanta, movida por una idea, y va hacia la ventana. Se le olvida cojear, y el muchacho señala indignado sus pies.

EL MUCHACHO. De pronto tiene bien la pierna.
LA MADRE, *mirando afuera; de pronto:* No comprendo, ¡no veo ya la lámpara de Juan!
EL MUCHACHO, *hoscamente:* ¿Cómo quieres que haya desaparecido?
LA MADRE. ¡De veras que ha desaparecido!

El joven va a la ventana, mira afuera.

EL MUCHACHO, *con una voz extraña, al obrero:* Sí, ¡ha desaparecido! Últimamente estaba muy cerca del cabo, ahí afuera. Voy a la playa. *Sale deprisa.*
EL OBRERO. Estará volviendo.
LA MADRE. Entonces tendría que verse la lámpara.
EL OBRERO. ¿Qué puede ocurrir entonces?
LA MADRE. ¡Sé lo que pasa! ¡Ella ha ido a buscarlo con la barca!
EL OBRERO. ¿Quién? ¿La muchacha? ¡Seguro que no!
LA MADRE. ¡Claro que sí, han ido a buscarlo! *Cada vez más excitada:* ¡Lo han planeado! ¡Se han puesto de acuerdo! ¡Durante toda la tarde han estado mandando gente aquí para que no me diera cuenta! ¡Son asesinos! ¡Todos ellos!

EL OBRERO, *medio en broma, medio en serio:* ¡En cualquier caso, al padre no lo mandaron!

LA MADRE. ¡No descansarán hasta que se hayan llevado a todos!

EL OBRERO. ¿No creerás que se ha ido al frente?

LA MADRE. ¡Son sus asesinos, pero él no es mejor que ellos! ¡Ha huido de noche! ¡No quiero volverlo a ver!

EL OBRERO. No puedo comprenderte ya, Teresa. ¿No comprendes que no puedes hacerle nada peor que apartarlo de la lucha? No te lo agradecerá.

LA MADRE, *como ausente:* Si le dije que no debía luchar no fue por mí.

EL OBRERO. No luchar por nosotros, Teresa, no quiere decir no luchar, sino luchar por los generales.

LA MADRE. Si me ha hecho eso y ha entrado en la milicia, ¡lo maldeciré! ¡Que lo hieran las bombas de sus aviones! ¡Que lo aplasten sus tanques! Que se dé cuenta de que no puede burlarse de Dios. Y que un pobre no puede hacer frente a los generales. Yo no lo parí para que disparase a sus semejantes desde detrás de una metralleta. Si hay injusticia en el mundo, no le he enseñado a participar en ella. ¡No le abriré ya mi puerta cuando vuelva, sólo porque diga que ha vencido a los generales! Le diré a través de la puerta que no quiero recibir a nadie en mi casa que se haya manchado de sangre. Me lo cortaré como una pierna enferma. Lo haré. Ya me quitaron uno. También él creía que tendría suerte. Pero no tenemos suerte. Quizá lo comprenderéis aún, antes de que los generales acaben con nosotros. Quien a hierro mata a hierro muere.

Ante la puerta se oye un murmullo, y luego se abre y entran dos mujeres, con las manos cruzadas sobre el pecho y murmurando el avemaría. Se colocan contra la pared y, por la puerta abierta, los pescadores entran, sobre una vela empapada de sangre, el cuerpo muerto de Juan Carrar. Detrás de él entra, mortalmente pálido, el muchacho, que lleva en la mano el gorro de su hermano. Los pescadores dejan al muerto en el suelo. Uno sostiene la lámpara de Juan. Mientras la madre permanece sentada y rígida y las mujeres rezan en voz alta, los pescadores explican al obrero, en voz baja, lo ocurrido.

PRIMER PESCADOR. Fue uno de sus barcos pesqueros armados con ametralladoras. Le dispararon sencillamente al pasar.
LA MADRE. ¡Eso no puede ser! ¡Es un error! ¡Él había salido a pescar!

Los pescadores guardan silencio. La madre cae al suelo y el obrero la levanta.

EL OBRERO. No debió de darse cuenta de nada.

La madre se arrodilla junto al muerto.

LA MADRE. ¡Juan!

Durante un rato sólo se oye el murmullo de las mujeres que rezan y el sordo retumbar de los cañones a lo lejos.

¿Me lo podéis poner sobre el arcón?

El obrero y los pescadores levantan al muerto y lo llevan al fondo, sobre el arcón. La vela queda en el suelo. Los rezos de las mujeres se hacen más claros y fuertes. La madre coge al muchacho de la mano y va con él hacia el muerto.

EL OBRERO, *otra vez delante, a los pescadores:* ¿Estaba solo? ¿No había ningún otro barco fuera?
SEGUNDO PESCADOR. Ni siquiera le preguntaron nada. Barrían con su reflector y la luz cayó sobre su barca.
EL OBRERO. Pero debieron de ver que sólo estaba pescando...
SEGUNDO PESCADOR. Sí, debieron de verlo.
EL OBRERO. ¿Y él no les gritó nada?
SEGUNDO PESCADOR. Lo hubiera oído yo.

La madre se adelanta con el gorro de Juan que ha traído el muchacho.

LA MADRE, *sencillamente:* La culpa la tuvo el gorro.
PRIMER PESCADOR. ¿Por qué?
LA MADRE. Está raído. Un caballero no lleva una cosa así.
PRIMER PESCADOR. ¡Pero no pueden disparar contra todo el que lleve un gorro raído!
LA MADRE. Claro que sí. No son seres humanos. Son una lepra y tienen que ser destruidos como la lepra. *A las mujeres que rezan, amablemente:* Quisiera pediros que os fuerais. Tengo muchas cosas que hacer aquí, y mi hermano está conmigo.

Sale la gente.

PRIMER PESCADOR. Hemos amarrado la barca abajo.

Cuando se quedan solos, la madre levanta la vela y la mira.

LA MADRE. Antes rasgué una bandera. Ahora me han traído otra.

La arrastra hacia el fondo y cubre con ella al muerto. En ese instante cambia el lejano retumbar de los cañones. De pronto se oye más próximo.

EL MUCHACHO, *apático:* ¿Qué es eso?
EL OBRERO, *de pronto con aspecto de estar muy excitado:* ¡Han roto el frente! ¡Tengo que irme enseguida!
LA MADRE, *yendo hacia el horno, con voz fuerte:* ¡Sacad los fusiles! ¡Prepárate, José! El pan está ya cocido.

Mientras el obrero saca los fusiles de la caja, ella va a ocuparse del pan. Lo saca del horno, lo envuelve en un trapo y se acerca a los dos. Coge uno de los fusiles.

EL MUCHACHO. ¿Vas a venir tú también?
LA MADRE. Sí, por Juan.

Van hacia la puerta.